童心忆抗战

TONGXIN YI
KANGZHAN

《百年潮》杂志社

— 编 —

中共党史出版社

图书在版编目（CIP）数据

童心忆抗战 /《百年潮》杂志社编 . -- 北京：中共党史出版社，2025.8. --ISBN 978-7-5098-6840-9

Ⅰ. K265.06

中国国家版本馆 CIP 数据核字第 2025E0M720 号

书　　名：童心忆抗战
作　　者：《百年潮》杂志社

出版发行：中共党史出版社
责任编辑：崔立仁
责任校对：申宁
责任印制：段文超
社　　址：北京市海淀区芙蓉里南街 6 号院 1 号楼　邮编：100080
网　　址：www.dscbs.com
经　　销：新华书店
印　　刷：北京君升印刷有限公司
开　　本：880mm × 1230mm　1/32
字　　数：100 千字
印　　张：6.125
版　　次：2025 年 8 月第 1 版
印　　次：2025 年 8 月第 1 次印刷
书　　号：ISBN 978-7-5098-6840-9
定　　价：38.00 元

此书如有印装质量问题，请联系中共党史出版社读者服务部　电话：010-83072535

前　言

2025年是中国人民抗日战争暨世界反法西斯战争胜利80周年，为铭记历史，缅怀先烈，《百年潮》开设了“童心忆抗战”的专栏，陆续刊发当年亲身经历抗战的老人回忆童年的文章。

经历过那场伟大抗日战争、今天还健在的，都已经是耄耋老人。他们打开尘封的记忆，通过口述或撰写文章，留下了珍贵的、带有抢救性质的史料。他们在延安，在华北，在东北，在重庆……足迹遍布大江南北；他们有的在敌占区历尽艰险，有的在国统区饱经沧桑，有的在根据地经受洗礼。他们虽然是“小人物”，但以儿童视角，记录当年在童心中留下的最深刻、最真实的记忆，再现烽火岁月的一帧帧历史照片，让后人了解真实而有温度的抗战历史，以珍视来之不易的和平年代。

《百年潮》杂志社

目　录

CONTENTS

华北东北

九死一生如昨
——难以忘却的童年…………吴铁梅 / 1

回忆我的父亲母亲………………李幼华 / 21

姥姥的抗战故事…………………崔凡芝 / 47

雾都重庆

重庆大轰炸的幸存者和隐战者
——忆父母沈安娜与
华明之…………………………华克放 / 59

回望在抗战中的经历……………陈复君 / 85

我的抗战记忆……………………陈湫渝 / 115

晴朗延安

我在延安的童年岁月…………吴持生 / 123

一个延安孩子的回忆…………周　密 / 139

回忆在延安的日子……………何理良 / 163

华北东北

九死一生如昨

——难以忘却的童年

吴铁梅

吴铁梅，吴德之女。1936 年出生。1957 年，毕业于北京师大女附中。1961 年，毕业于北京师范学院中文系。此后先后在北大附中、文物出版社、中国文物研究所等单位工作。1998 年退休。

1943 年，吴铁梅（右）在姥姥家和滦县来的亲戚合影

吴铁梅近照

一个八十七八岁的老人，却要写点七八岁时的故事，勉为其难了。但是只要去想，早期的记忆就像蹦出来一样，愈来愈多，愈来愈清晰。写下来破破暮年孤寂之闷，别无他想。

在沦陷区

我的爸爸在 1933 年、我的妈妈在 1934 年加入了中国共产党。两人在京津唐一带做地下工作驻机关时结婚，生活危险而又清贫。我快要出生了，妈妈还在等待着四处找住院钱的爸爸，找到钱才能到医院待产。我是 1936 年底出生的，再过半年就爆发了七七事变，正是日本侵略者全面侵华、中华民族处于存亡危急的时刻。为纪念在东北抗日战争中牺牲的抗日英雄邓铁梅，爸爸为我起名铁梅，希望我背负起民族兴亡的责任，成为邓铁梅那样的抗日英雄。我几个月大的时候，爸爸就抱着我作为掩护，去做接关系等工作，这可能是我这辈子第一次同爸爸一起面对危险。

在我刚会说话的时候，父母在海滨执行任务，有一个后来叛变的人，曾把我抱到海边的深水区，问我老家在哪儿、姓什么、爸爸的真实姓名。我没回音，他就把我倒提起来，头浸着海水，我那时什么也不知道，好像也不会完整地说那么多话，只能哇哇乱叫，惊动了妈妈，把我抢了出来。那人说："二姐，你急什么？我是同孩子闹着玩呢。"

80年代初同学们谈起办离休的事情，我总凑热闹讲起这段历史，证明自己30年代就参加了革命。爸爸听了只说："你真招笑，那么小你懂什么革命工作。"我又讲在晋察冀边区城南庄上小学时，正值土改，我和同学们打着霸王鞭，唱着"灯碗里没有油灯不明，农民们没有地辈辈受穷……"的歌，四处宣传土改，这算参加革命工作了吧。聂荣臻伯伯身边的魏叔叔还要给我写证明呢。我把这些情况告诉爸爸后，他严肃地说："1949年前你太小，一直在读书，没有参加过革命工作，不要跟着你们那群同学起哄，你根本就没有离休的资格。"我只能作罢，谢绝了好几位要给我写参加土改工作证明的长辈。他们去世多年后，我也退休了，有一次和张明远伯伯的女儿小霁聊天，又一次问她到底怎么办的离休。这次她说："告诉你吧，是吴叔叔签了字，我们单位才给我办了离休，吴叔叔让我保密，不要告诉你。"我听了哭笑不得。记得追悼会上发的吴德生平中有一句"严格要求和教育子女"，我就是被严格要求的了。

1940年爸爸要去延安参加党的七大，难知归期。妈妈被安排到冀东游击区参加抗日斗争。我成了无处安放的“累赘”。在老家唐山的奶奶去世了，只剩下爷爷和在家尽孝的三叔，四叔尚小，谁也照看不了孩子。我还有个妹妹小二，因无力抚养送给了唐山的一个工人家庭。抗战胜利后爸爸回到冀东，又带着部队和一批地方干部接管了唐山市。物是人非，培仁里家的房子卖了，爷爷回到丰润大新庄老家，后病故。寻找到了收养妹妹的人家，说我可怜的妹妹两岁时就病死了。

当时爸爸只好把我送到姥姥家抚养，那时我只记得过姥姥家大门的门坎，我要先爬上去，再从门坎上滚下来。姥爷王家在沦陷区滦县南关村，距县城和滦河都很近。王家是个破落的大家庭，姥爷是老大，在外面娶了小老婆遗弃了姥姥。院子人口不少，是非热闹也不少。

姥姥是个安分胆小的农村妇女，没什么经济来源，有二亩沙地却无力耕种，全靠娘家和我妈妈的接济过日子。本来因遭遗弃，又没儿子，饱受家族白眼，我的到来更惹起了风波。那个时代哪有把孩子放在娘家抚养的，甚至有人说我的来路不正。在七嘴八舌的议论声中，胆小的姥姥不敢和家族人争执，把我关在屋里不许出去。救星很快来了，唐山的爷爷不放心我，派三叔和四叔扛着一袋白面来看我。于是舆论大转，原来妈妈嫁了唐山的正经人家，铁梅的叔叔送白面来了。现在的人很难懂，当年的农村白面有多金贵，何况还是整袋的。我也翻身成了王家可爱的外孙女。姥姥又允许我出去玩，爬过大门的高坎看外面的世界了。

大概是 1943 年，妈妈回来了，我扑到妈妈怀里，高兴地蹦跳。妈妈说，爸爸出远门做生意，她回娘家看看。后来我才知道，妈妈在冀东游击区坚持抗日斗争，她所在的部队被日军打散了，斗争很残酷，三个女同志躲在山洞里，靠着老乡送的一罐生鸡蛋坚持了三天。出来后找不到队伍，又和组织接不上关系，只好各自回家，等环境好一点再说。

好景不长。有一天妈妈去滦县城里找组织关系，在城门口被叛徒指认，日本宪兵队抓走了她。消息传来我和姥姥吓得大哭。很快日本人来了，看着家徒四壁和又老又小两个人，没什么油水可捞，布置族人监视我们。这可吓坏了族人，没有一个敢理我们，更不要说帮忙。那一段是我记事以来最难过、最无助的日子，至今深深印在脑海中。

妈妈不在家，钱花完了，米面吃完了，真的是揭不开锅了，我和姥姥饿着肚子只会抱头大哭。姥姥急中生智，拉着我到村外那二亩沙地。地里的庄稼已经结穗了，姥姥掰了几穗灌浆尚不饱满的玉米，又摘了点毛豆，在地里挖坑点火烤得半生不熟给我吃。我现在已年近九旬，再也没吃过那么好吃的东西了。姥姥好像什么也没吃，拉着我往回走。我实在走不动了，姥姥便背着我。腹内无食又是小脚的姥姥也走不动了，便背着我在地上爬，爬了很久，不懂事的我竟然在姥姥背上睡着了。爬到村头已到了快上灯的时候，姥姥才叫醒我。现在想起这件事都想哭，为什么我不和姥姥一块爬回去。

几天后，一个我叫舅姥姥的亲戚送来一袋小米，劝姥姥千万不可吃青，秋后才能有点嚼谷。后来她又来了数次，送来钱和粮食，我们才没有饿死。姥姥感谢娘家兄弟救命之恩，也给后面发生的事埋下伏笔。后来妈妈告诉我，舅姥爷家在游击区，同八路军有些联系，组织上知道了妈妈和我们的情况，通过舅姥姥送粮送款接济，我们的日子就这么过下来了。

1943 年，吴铁梅（右）在姥姥家和滦县来的亲戚合影

过了一段日子，日本宪兵队放妈妈回家了，又拿来一些礼物，并说已经给妈妈安排好小学教员的工作。礼物妈妈没有收，说家中还有事暂拒了小学教员的工作。只是把不到六岁的我，更名李紫荆送到滦县第一小学去读书。这所小学在日本人控制之下，其实我是当了人质。后来我才明白，妈妈被日本宪兵抓去，并未暴露共产党员的身份，也未泄露组织秘密，更没有出卖同志。日本人把她当作家属，想放长线钓大鱼，抓到爸爸或组织的其他人，要求妈妈给他们做事。妈妈答应出去后当小学教员。日本人便把妈妈放了出来，族里的人负有监视的责任。

妈妈安心在家过日子，收拾房子，淋灰水洗被褥，纺棉花卖线，又带着我到涨过水的滦河边捞淤柴晾干备过冬。妈妈向周围的人说："我不能再走了，这次这一老一小就差点饿死。"她安了所有人的心，日本人也放松了监视。

有一天妈妈从集上买回二斤肉炖在灶间锅里，也没让我去上学。那时在农村除了年节谁吃得起肉，四溢的香味吸引了四邻的注意。妈妈说："累了，出去转转。"过了一会儿肉炖熟了，姥姥抽掉灶间的柴火，等着妈妈回来。我闹着要吃肉，姥姥一反常态不许我吃。周围人说："你带着孩子找找她妈吧，有人看见她在滦河边上转悠呢。"姥姥拉起我就往外走，并没有去滦河边，而是背道而驰，走进了庄稼地，越走越远。我想着家里有肉用不着吃青啊，问姥姥话她也不理我，只是急慌慌地往庄稼地深处走。走到小路边一个沙土坎上，姥姥说“就是这了”，便拉我坐在坎上。过了一会，出现了一个背篓子的中年男子。他对姥姥说：“大娘等急了吧，有点情况，咱们要快走。”说着一把抄起我背在背上，大步流星地走出庄稼地，姥姥一溜小跑跟在后边。走了很长时间，对面又走出两个背篓子的男子，对先前那个人说：“人交给我们，你赶紧回去。他们家里可能已经报告了日本宪兵队。”这两个男人带着我和姥姥走了很远的路，进了一家农户，对姥姥说：“大娘，别害怕了，平安到家了。”又对那户人家说：“这就是我和你们说的抗属，先在你们家住几天。”这家的大爷大娘热情地接待了我们，又饿又累的我吃完饭就睡着了。

就这样，妈妈在日本人失去警觉后，和组织接上关系，带着我们从日本人鼻子底下溜了。

在游击区

从那以后，我和姥姥就在冀东游击区当起了抗属，不时从这个村转移到那个村，几个月过去了，妈妈也没露面。虽然经常转移，但不用为吃穿发愁。我和村里的孩子一起唱抗日歌曲，还能拿起红缨枪跟着大孩子站岗放哨，觉得天地豁然开朗。姥姥却不同，天天发愁，惦记一贫如洗的家，经常和我说，“都是你妈闹的，有家也回不去了。”

当我们转移到一个离姥姥娘家稍近的村庄时，有天姥姥忽然不见了，急得我大哭。房东大爷大娘说：“姥姥临走时留下话，回家看看就回来。已捎信给你妈，她很快会来接你。”我哭喊着说都不要我了。他们说：“鬼子‘扫荡’很残酷，你妈如果来不了，我们认你做干女儿，养活你长大。”当天就让我鞠躬认了干亲。有了爹妈，大哥、大嫂、小姐姐也改口叫我老妹子。那段没有亲人在身边的日子里，是冀东农村的老百姓养育了我。就连左邻右舍熬碗豆粥都从墙头递一碗给我，更别说干爹一家了。

有一次日军“扫荡”围了村，是小姐姐带我跑反，在村口我亲眼看见日本人在拦人，不许出村。也许看我们俩太小，没人理会，才跑出了村。我们回到家后，受了惊吓的干爹说：“小丫姥姥可能出事了，这次鬼子到咱们家四处搜查、盘问，以后不能领着她跑反了。”于是半夜里全家动手改造菜窖，不但扩宽，还挖了气孔。过了不久，日军又来围村了，干爹把我藏在地窖里，又放了些水和干粮，嘱咐我无论遇到什么事都不要出声。

我躲好了，他们全家才跑出去。地窖里真黑，由于搁了吃的东西，几只老鼠围着我转，真吓人，但我记住干爹的嘱咐，一声也不敢吭。日军真的到家里来了，皮靴踩地声、说话声、翻箱倒柜声在我头顶上响着。我不敢出声不敢动，竟然吓迷糊过去。只记得大哥抱我出了地窖，阳光和干爹一家的说话声才惊醒了我，我也只会放声大哭。从此我彻底成了这家的老闺女，如果妈妈和姥姥不来找我，我就是这家的老丫头了。很多革命前辈的子女，就这样融化在群众的汪洋大海中了。

姥姥回来了，蓬头垢面，衣衫褴褛，抱着我哭。原来我们深夜不归后，负责监视的族人第二天向日本人报告。他们受到严厉逼问，有人供出姥姥娘家有个亲弟弟可能知道我们的下落。日本人很快找到了舅姥爷，抓到宪兵队下了大狱，拷问不出我们的下落，无奈放了他，但严令他务必找到我们，不然再把他抓回去。滦县地方不大，很快他就知道了我们的音信，托人来传信。姥姥心疼弟弟，又感念断粮时救助之恩，就回去探亲了。来人还让她带上外孙女，好在当时我在街上玩，姥姥说我跟八路军队伍走了，她也不知我在哪，在关键时刻保护了我。姥姥到娘家后便被弟弟出卖给日本人，抓到大牢里受刑，但姥姥咬定不知道我妈妈和我的下落。日本人对这个农村老太太没有办法，又不是抗日分子，就放她回了家，交代族人监视。姥姥平时就在屋里待着，实在没有饭吃了，才出门四乡讨要。日本人渐渐放松了监管，姥姥终于敢要饭要到干爹所在的村。姥姥嘱咐干爹把这些情况转告我妈，把我赶紧带走。

姥姥要赶回滦县南关村，不管我如何哭闹，干爹如何劝阻，姥姥还是走了，她怕回去晚了连累娘家弟弟。这是我这辈子最后一次见到姥姥。后来妈妈设法把姥姥安排在邻县，与一个孤老太太同住。抗战胜利后，妈妈去找姥姥，她已去世。同住的老人说，姥姥临死前满炕地摸，找铁梅，还埋怨妈妈不应该把我一个人送走，怕受别人欺负。我活了 80 多岁，经历不可谓不多，但知道最疼爱我的人是姥姥，思念至今。

日军的“扫荡”过去了，我们的队伍又回到滦县。妈妈要把我带走。我和干爹一家依依惜别，妈妈向干爹一家反复道谢，让我永远记住他们一家人对我的救命之恩，记住冀东游击区的老百姓同抗日队伍血肉相连的关系。

我跟着妈妈、跟着部队，开始了同日本人战斗打游击的日子，经常行军转移。冀东的老百姓真好，每到一个村，坐在炕上，端上来的总是烙饼摊鸡蛋，热腾腾的豆粥、棒粥。这些吃食现在看起来不算什么，但在当时无比珍贵。冀东老百姓苦啊，平时舍不得吃舍不得喝，却把最好的东西给了抗日队伍。有了人民群众的支持，冀东的抗日队伍才能够在游击区坚持同日本人战斗。

1944年，冀东的党政领导机关和一部分部队，被日军包围在丰润县杨家铺村、夏庄子村一带。我们的队伍只能强行突围，战斗打得很惨烈，很多同志牺牲了，我熟悉的地委领导丁振军叔叔、周文彬伯伯都在突围中牺牲了。我和妈妈骑着驴随大部队突围，我坐在她身后，两手紧搂着她的腰。急行中，驴跳过一个壕沟时颠簸太大，我掉到壕沟里。奔跑的队伍停不下来，妈妈骑着驴继续奔跑突围。到了安全地方清点人员，妈妈为牺牲的同志难过，明知我掉到壕沟里不知死活，但什么也没说，不想让刚突围出来的同志再涉险。清点人数的警卫人员发现我不在了，大声地喊铁梅。这时妈妈才说“别叫了，铁梅在突围时掉到沟里了”。一位叫程义的警卫员转身就往回跑，妈妈阻拦说：“敌人可能还在那里，有危险，等了解一下情况，我带人去找。”程义说：“天就要黑了，找不着孩子，出了事怎么办？”天擦黑时程义把我背回来，说：“孩子可能摔晕了，一动不动在壕沟里睡着了。”四周的叔叔阿姨都说铁梅又捡回一条小命。这已经是第二次在生命最危险时睡着了。妈妈嘱咐我要像记住干爹一样，永远记住这位程义叔叔。以后行军妈妈用布带把我绑在她腰后，再也没发生过掉下去的事了。

去根据地

这件事情后不久，上级来了指示，调妈妈去晋察冀边区。我和妈妈要分两路走。我被交给一位名岳武的老交通员，他长着长长的花白胡子，微驼着背，穿着破旧而又干净的衣服，安排说他是我的爷爷，要带我到北京去。他说只要我听话，到北京后带我去逛北海公园，我自然是心向往之，不敢不听话。我们坐火车顺利到了北京。车站上的日本人虎视眈眈盘查每个行人，却没人理我们一老一小。岳爷爷告诉我，鬼子查“良民证”，60岁以上、12岁以下的人不发“良民证”，故而不查我们。后来爸爸告诉我，他只是看着老，其实没有60岁。又告诉我，岳武爷爷是老党员，1938年就参加了冀东大暴动。当时是专跑敌占区的有名交通员，为党做了很多工作。

夜晚我们从北京前门火车站下了车，走出车站，站外广场上一片灯海，我这个乡下丫头惊奇得一动不动，到现在我都记得嘈杂的人群在如海的光影中涌动。岳爷爷告诉我那是瓦斯灯的亮光，做买卖的摊贩都点着这种灯照明。他带我在一个小摊上吃了顿饺子，之后入住前门附近的一家小旅馆。他嘱咐我的名字叫腊梅，不能告诉别人铁梅二字。我一直很护自己的名字，就喜欢大家叫我铁梅。爷爷看我嫌腊梅难听，就耐心地给我讲：铁梅这个名字叫的人太少，有抗日嫌疑，搞不好要暴露身份的。

我这个名字的确特殊，上大学时，在北戴河与长影的编剧沈默君一起玩，他也问起铁字和梅字不搭调，父母为什么给我起这个名字。我告诉他是为了纪念抗日英雄邓铁梅。沈默君后来写了个电影剧本《革命自有后来人》，就是后来又改编成京剧的《红灯记》，女主人公名字就叫李铁梅。"铁梅"名声大震，耳边总像有人在叫你一样，实在受不了（爸爸本姓李，我从小一直叫李铁梅）。我就到派出所去改名，可是大家对新名字不买账。后来爸爸说："咱们俩还是都姓吴吧。"我想也对，我不当李铁梅，而是吴铁梅，没有了冒充英雄之嫌。就这样我跟着爸爸的化名还姓吴。爸爸吴德这个名字是在参加七大的路上改的，因组织上规定，在白区工作的同志都要改用新名字，再回白区工作就不容易暴露身份。黄敬伯伯和爸爸开玩笑说："我起个名，你敢叫么？"爸爸想反正叫不了几天，回白区就不用了，便说："敢叫。"黄伯伯在手心写下了"吴德"两个字，爸爸只好认了并报上去。谁知他留在延安工作了五年半，此名也从此叫了半辈子。不过还好，毛主席数次说"吴德有德”，算是给这个名字“平了反”。

再说回北京前门的小旅馆，第二天岳爷爷一大早出去，把我锁在屋内。不到中午他就回来了，急匆匆拉着我从前门火车站上车，问什么都不让我说话。从一个很小的县城车站下了车，又拉着我在乡下的路上疾行，我又饿又累走不动，好不容易到了二分区的一个村。进到屋里，一位叔叔拉着我手说：“这就是铁梅吧？许建国同志今天还问呢。”岳爷爷说：“这是我完成的最难的任务，现在交给你们了。”后来爸爸告诉我，当年岳爷爷到北京的任务是和一位倾向抗日的伪军头目接关系，带我到二分区是捎带的。但是在规定的时间地点没见着人，根据地下工作的经验他怀疑是出了问题，如果此人告密，可能带敌人来抓人，就很危险了。我才明白为什么带我匆匆逃离北京。后来那人果然叛变，亏了岳爷爷警惕性高，跑得快。我又与死亡擦了一次边。

去延安

二分区是党在京西建立的根据地，我在那里待了些日子，他们派马夫赶着骡子把我送到晋察冀分局许建国伯伯处。不久妈妈也到了晋察冀，把我接到她学习的党校。所谓学习是审查她被捕的问题。妈妈的问题一时查不清，她决定让我一个人到延安去找我爸爸。后来才知道他们已经离了婚，因妈妈被捕问题审查不清，爸爸又在中央社会部做情报工作，组织有规定，也只好如此了。

1945 年初，冀热辽的高敬之伯伯、钟子云叔叔要去延安，路经晋察冀，他们是有部队护送的。妈妈就把我交给了他们。我骑着毛驴踏上了去延安的路程。高伯伯还带着 15 岁的女儿高凤琴和一个叫小潘的 17 岁男孩同行。我们三个孩子一路有吃有喝有牲口骑，平安顺利。行军到同蒲铁路一侧，铁道本身及其沿线是日本人控制地区，过铁道就是过封锁线，十分危险。高伯伯对我们三个孩子说：部队被敌人发现了，只能强行通过封锁线，带着我们太危险，已经把我们托付给冀中送孩子去延安的队伍，等部队打过去后再把我们接回来。

午夜，我们随着新的队伍出发了，大的孩子拉着，小的孩子背着，冲刺越过封锁线。记得那位专门带人过封锁线的交通员，一手拉着我，一手拉着与我年龄相近的男孩，靠近了铁道线，告诉我们一个地址，说如果被敌人打散了就到那集合。我们两个打着瞌睡的孩子根本记不住，急得交通员说："只要我有一口气就不松开你们的手。"我瞌睡着，被拖着，小跑着通过了封锁线，什么事都没有。大家放松下来，正觉得平安无事时，听见了身后的枪声，是高伯伯带的队伍与日本人打起来了。第二天冀中送孩子队的队长告诉我们三个，冀东的队伍被打散了，一个人都没过来，我们这群孩子安全过封锁线是日本人有意放过来的，他们集中人员对付冀东的部队。我们三个人也只能跟随这支队伍去延安了。以后的行军就苦了，早上在兵站吃过饭，中午无食，饿得前心贴后心，晚上到了兵站才再有饭吃。而且我们没有牲口骑了，像大人一样一步一步走，一天走一个兵站的距离，怎么也有几十里。我是最没有出息的，常常又累又饿走不动，小潘就向途中遇到的骑着牲口的叔叔阿姨求助，带我一程。一路上我被人抱着，骑过驴、骡、马，甚至骆驼，就这样一天一天地走到了黄河岸边。

正值春季，浑浊的黄河水波浪翻滚，发出轰鸣，作为孩子的我不觉得它雄伟，只有几分紧张甚至恐惧。要过黄河了，孩子大人登上木船，船老大操着木桨用力划着。船到河心，颠簸得厉害，我紧张得一动也不敢动。忽然一个小男孩惊叫："船要翻了。"谁知船老大提溜起这个孩子就要往河里扔，亏了队长机警地掏出枪，顶住船夫的头："你敢扔，我马上枪毙你。"船夫说："船行至半不能说这种不吉利的话，河神听见要翻船的，只有用这个孩子祭神，大家才能平安。"队长说："你只管划船，如果船要翻，你只要跳水跑，我先毙了你。"枪一直顶在船夫头上，他也只好划船前行。好不容易船靠了岸，队长才收回枪，最后一个跳上岸。后来队长说这些以黄河摆渡为生的老乡都很迷信，他如跳船逃走，我们一船人都要命丧黄河。

1945 年，吴铁梅（前排左二）参加李克农父亲李哲卿（二排中）70 寿辰庆祝留影

我们走到了延安，在中组部大院里，排着队坐在墙根地上，等着谈话。终于叫到了我的名字，进屋看见桌前坐着一位阿姨，后来爸爸告诉我是夏之栩。她一本正经地问了我的姓名、年龄。又说："欢迎到延安来参加革命。"我没听懂，瞪大眼睛看着她。她又说："你个人有什么志愿？"我还是没听懂。她接着又说："你愿意学习还是参加工作？"我还是瞪着眼看着她，答不出话来。她急了，一拍桌子大声说："你到延安来做什么？"

这次我听懂了，忙说：“我来找爸爸。”“你爸爸叫什么名字？”“吴德。”她听罢仔细端详了我半天，然后哈哈大笑说：“像，真像。”马上打起了电话。我听见她在电话里大声说：“你女儿来了，赶快来接！”便让我在外面等着。很快一个人牵着马喊着：“谁是铁梅？”便把我接到了枣园。在枣园几个叔叔阿姨等着我，告诉我爸爸正在开会，马上就来。海宇阿姨把我领到她屋里给我洗了澡换了衣服。她事后说，当时我头发打着结，脸和手黑乎乎的，衣服也是肮脏破烂，她怕爸爸看见孩子这样心里难过。干净整齐的我终于见到了熟悉又陌生的爸爸。爸爸心疼地拉着我的手，摸着我的头，半天都没说出话来。

不久，爸爸送我到延安抗属子弟小学二年级读书，从此我开始了在革命大家庭中成长的经历。

回忆我的父亲母亲

李幼华

李幼华，李大钊族侄李海涛之女。原籍河北省乐亭县，1938年出生于哈尔滨。1943年，随母亲回到原籍。1945年随父母去东北。1959年，考入中国科学技术大学生物物理系。1964年，毕业分配到中国科学院干部局工作，此后一直从事科研及管理工作。1998年退休。

1946 年，李幼华与家人于西安军分区司令部合影

2021 年，李幼华参加中科院动物研究所“光荣在党 50 年”活动留影

发生在我们家的那些真实的故事，也是中华民族抗战记忆的一部分。那时我是一个孩子。我从小孩子的角度看见的、听到的，到今天已经成为故事。虽然是普通人、平凡事，但是也留下了历史的记忆。父母给了我生命，养育我成长，为我做出了榜样。我把这些故事记录下来，让后辈人了解，以此寄托我对父母的怀念。

我的家庭

1914 年 3 月 24 日，我的妈妈出生于河北省乐亭县汤家河张各庄一个农民家庭。我的外祖父叫李琢章，是一位厚道善良的农民，朴实勤俭，颇受乡亲们尊敬。

妈妈说，当她 15 岁的时候，就由父母做主嫁给了还在上中学的我爸爸。结婚以前他们两人根本不认识，从未见过面。婆家在离张各庄 13 里的胡家坨乡大黑坨村，李大钊故居就坐落于此。

我爸爸叫李振华，家在路北偏西头，李大钊故居是路北居中，爸爸管李大钊叫大叔。因为是一个家族，两家房子的砖都是一样的，门口都有一棵老槐树。我爷爷叫李寿田，一生务农。因为爷爷的大哥李瑞景早年闯关东，在黑龙江和俄国人贩牛、办酒厂，在老家盖了房

李海涛（时名李振华）

子，买了地。所以爸爸的家庭出身填写的是“地主兼商业资本家”。我大爷李瑞景是位开明进步的人士，曾秘密帮助李大钊到苏联去参加共产国际第五次代表大会。新中国成立后，大爷将全部资产都捐献给了国家，他是黑龙江省第一届人大代表，1954 年因公殉职，被省人民政府追认为烈士。因为他没有儿子，我爷爷有四个儿子，所以说好将我爸爸过继给了他。

我爸爸比妈妈大两岁，1929 年他结婚时才 17 岁。这一年，他正在天津参加革命组织反帝大同盟。此时他已经开始研读马克思列宁主义的书籍，接受了共产主义思想。结婚后，妈妈改了名字叫文华，两家都姓李，所以爸爸妈妈一个叫李振华，一个叫李文华，由此也可见他们感情之深。抗战时期爸爸的名字已经改为李海涛，但是亲友和家乡人民还是叫他“振华”，他还有几个名字——黎文、高继祖等，是做地下工作时的化名。

我父亲为族叔李大钊办理丧事

1933年，爸爸从北平志成中学高中毕业。当时，北平地下党正准备为被反动派杀害了六年还没有安葬的中共领导人李大钊举行葬礼，而李葆华（李大钊长子）正被敌人通缉，不能出面办理，地下党安排我爸爸为族叔李大钊办理丧事。

李大钊是我爸爸的大叔，他被反动派杀害后，我爸爸非常难过和后悔。此前有一年暑期，李大钊回了老家，我爷爷让他去看望大叔，他不去。因为他对当时腐败卖国的统治者不满，不愿去看一个“当官的”。李大钊牺牲后，他才知道大叔是一个革命家。他非常钦佩大叔的伟大人格和英勇献身精神，要继承先烈未竟的事业，冒着生命危险承担起为李大钊办理后事的重担。他回老家接来了李大钊的遗属，出面办理葬礼手续，并在4月23日这一天，当孝子穿着孝服打着幡走在灵车前面送葬。

这葬礼实际上是一场声势浩大的游行示威。李大钊的灵柩从宣武门外浙寺起灵，沿途有许多北京市民自发加入送葬的队伍。有工人、农民、教师……过了

李大钊故居前的老槐树

西单游行示威的队伍人更多，人们喊着“李大钊先烈精神不死！”“中国共产党万岁！”等口号，送葬的群众边走边撒纸钱，上面印着抗日救国的口号，人们时而唱起悲壮的《国际歌》。人民缅怀烈士英灵，沿途商店门口摆上了祭桌，摆着点心水果，烧着香举行路祭……到西四牌楼，反动政府派出了大批军警、宪兵、特务，还有马队，他们用大刀和水龙驱逐和抓捕游行示威的人，数十人被捕，示威群众被打散。我爸爸一直打着灵幡，走在灵车前面直到香山万安公墓，将烈士安葬。

办完李大钊的葬礼后，爸爸受到反动政府注意，在北平的住处被特务搜查。此后爸爸就决定不考大学，离开北平回到了乐亭，以教书为掩护从事抗日工作。同年，爸爸在乐亭加入了中国共产党，此后爸爸改名叫李海涛。1933 年，我的大哥出生，这时爸妈结婚已经四年了，爸爸总是把革命工作放在第一位，四年中他们共同生活在一起的时间很短，这四年正是爸爸革命生涯的开端。

父亲在华北参加抗日斗争

爸爸参加革命以后，妈妈就成为他最可靠的助手和战友。妈妈虽然只是一个家庭妇女，但她很有正义感，而且很有智慧。加上爸爸常给她讲一些革命道理，使她自然而然地成为一个革命家的忠实伴侣。

1931 年九一八事变后，日本侵略者占领了东北三省，进一步向华北地区“蚕食”。我们的家乡和东北只有一关之隔，因此早在 1932 年就有日军横行了，共产党在这里的抗日组织工作也较早。1933 年，我爸爸来到家乡工作，担任中共乐亭县委宣传部长，秘密组织发动群众抗日。1934 年冬，党中央派来一位老红军领导检查指导冀东的工作，我爸爸安排这位同志住在自己家打谷场院的小屋里，那里僻静，比较安全。爸爸让妈妈负责送饭和照顾这位同志，家里其他人谁也不知道。妈妈虽然一生没有正式参加党组织，却很早就为革命作贡献。

1935 年，爸爸被党组织调到天津，担任全国总工会华北代表处天津市工人联合会特派员，从事更危险的地下抗日情报工作。他的直接领导和单线联系人是后来担任北京市市长的吴德，爸爸在北平上学时曾和他租住同一间房子。爸爸从事秘密抗日情报工作，妈妈根本不能和他有任何联系，也不知道他在哪里，所以这是真正的分别。

1935 年 8 月，爸爸在天津因叛徒出卖而被捕，这个叛徒就是他的下线联系人。当时，他按约定来接头，走近接头地点时，感到情况不对，因为发现前面还有一个人。他马上回头就走，但是后面早有特务堵住了后路。叛徒指着爸爸说："就是他！"就这样爸爸被捕了。敌人审讯时，叛徒又指证他的身份。爸爸说："我是共产党员，要抗日。你们要怎么办就怎么办吧。"敌人严刑逼供，爸爸一点党的机密也没说，后被关进天津第三监狱。

爸爸被捕后一个月，妈妈又生了我的二哥，可能为了爸爸能平安回来，起名叫"明安"。妈妈承受着巨大压力，从容不迫地接受了命运的挑战，照常做着一切事情，养育两个儿子。

爸爸在狱中继续和敌人斗争，表现出一个共产党员的英雄气概。他和狱中的政治犯难友——共产党人韩庄、韩培义、王洁清等组成了狱中党支部，组织领导狱中斗争。1936年，组织了两次政治犯的绝食斗争。敌人对他们进行了残酷的镇压，用吊打、灌稀饭、威胁、分化等手段，妄图把斗争压下去，都没有得逞。第一次绝食坚持了五天。爸爸还执笔写了《绝食宣言》和《告全国父老兄弟姐妹同胞书》，宣传抗日，要求无罪释放政治犯。爸爸和同志们的斗争取得了社会的同情和支持。天津《庸报》还刊登了《告全国父老兄弟姐妹同胞书》，《益世报》报道了绝食的消息。记者要求到监狱采访，群众也要来狱中慰问，这次斗争轰动了天津。敌人不得不答应了他们的要求，作了一些让步，绝食斗争以胜利告终。第二次绝食斗争在六七月份，敌人怕把事闹大，只得答应了条件。

但是敌人很快就把他们分别押解到张家口等不同的地方，分而治之。爸爸在和同志们被押解去天津火车站的路上，高喊口号，唱《国际歌》，宣传抗日，反对外解。火车到达北京西直门站时，他们又组织了卧轨斗争，迫使敌人把他们改押在北平第二监狱。

爸爸的这些英勇斗争的事迹，我们都是后来才知道的。“文化大革命”中，造反派对我爸爸毒打、罚跪、饿饭，非逼他承认是叛徒，他宁死不承认。正是这些造反派的调查结果使我们知道了爸爸是这样一个英雄。爸爸从不夸耀自己的事迹。记得我在育才上小学时，学校发了一张表让家长填，调查是否有亲属牺牲、被捕或做过地下工作等经历，目的是找革命传统教育材料。爸爸看后把表放到一边，一个字也没有填，还严肃地对我说：“你们干革命，不要靠死人，也不要靠活人。”这对我教育极深。

1937年7月7日，卢沟桥事变发生，全民族抗战爆发。共产党在北平西部郊区建立游击队，并派共产党人参加到东北流亡学生赵侗组织的抗日义勇军里。当时，国民党命令二十九军要在7月28日退出北平前，将第二监狱的所有政治犯处决。中央领导同志通过北平地下党组织营救狱中的共产党人，命令下达到党领导的平西游击队，还有一个解救人员名单，其中第一个就是“李大钊的侄子李海涛”。我爸爸并不知道这一细节。当时执行命令的是平西游击队的队长刘凤梧，后来他一直在军队系统工作，生前和我爸爸没有联系。他儿子刘生津调查这段历史过程中打听到李海涛在天津人民检察院工作，已经去世，才找到我。

赵侗抗日义勇军当时只有20多人，很不起眼。为了补充干部和兵源，他们配合平西游击队冒险到北平第二监狱去劫狱。1937年7月21日，负责营救的队伍乔装成日本人，诈开了狱门，占领了监狱。我爸爸从单人牢房门的小孔看到看守换了不认识的人，警觉到发生了情况。他第一个和义勇军取得了联系，但打不开牢门。他急中生智，将单人房间唯一能动的东西——铁床竖起来，撞击铁门，终于打开了牢门，又用同样的方法救出其他同志和难友。当时救出政治犯五十多人、刑事犯上千人，其中有七八百人参加了平西游击队和抗日义勇军。

出狱后，爸爸参加了赵侗抗日义勇军。他们行军在平西平北崇山峻岭中，和日本人打游击。爸爸说，他们连续作战、行军，天下大雨的时候，雨水顺着眼镜流下来（他高度近视，离不开眼镜），什么也看不见，他只能拉着前边同志的衣服向前走。由于几天不能睡觉，有的人走着走着就睡着了。他在狱中患上了严重的脚气病，行军走路非常困难。三个月后，经队伍中党的领导同意，让他回原籍自己接组织关系。

就这样，爸爸 1937 年又回到家乡，见到亲人们。这时家乡党组织正在筹备冀东抗日大暴动，爸爸立即被任命为乐亭县委书记，领导家乡的抗日武装大暴动。在家乡，爸爸有很多熟悉的朋友、战友，对敌情民情也都很了解，如鱼得水，工作开展得有声有色。

父亲参加冀东抗日大暴动

1937 年底，我爸爸在党的领导下组织筹备武装暴动工作，他的上级领导是李运昌（当时是中共河北省委书记、冀热边特委书记，后任冀热辽军区司令员）。1938 年 6 月，中央军委和晋察冀军区派八路军第四纵队挺进冀东。7 月，冀东党组织发动了早已筹备就绪的 20 万工农兵里应外合的抗日大暴动。在党的领导下，爱国的工人、农民和其他各阶层人民（包括一些国民党爱国人士、地主和资本家），拿起钢枪、土枪、镰刀、长矛等武器，参加到共产党领导的革命队伍之中，向日、伪军宣战。暴动时，乐亭的抗日联军是第十总队，爸爸是总队长，时年 25 岁。听说，他骑一匹白马，穿一身军装，打着裹腿，很是英武。

我在江西赣州认识一位老红军的夫人，是乐亭人，她曾经跟我说："你爸爸很会演讲，宣传抗日，动员群众，讲政策方针，很受欢迎。"爸爸带领的军队纪律严明，和老百姓水乳交融，深受群众欢迎。我还听李葆华大伯说，在暴动的七个县中乐亭是第一个打下县城的。李运昌伯伯对我说过："你爸爸的第十总队是保护司令部的，纪律严明，在部队西撤时，其他部队都被敌人打散了，这个部队没有散。"爸爸也和我说过，当时奉命西撤时，暴动部队共有四支队伍，他的队伍是其中之一。在潮白河边，有三支队伍因敌人围追堵截和战士们思想不通（不愿意离开故乡）而大部分溃散了，只有爸爸这支队伍没有散，完整地保留下来。重新集结的队伍跟着李运昌司令员回到冀东北部山区。敌人卷土重来占领了家乡广大平原地区，暴动队伍转入京山线以北的山区和敌人周旋，在艰苦的斗争中重新发展壮大。其中一段时间，爸爸还曾被派到开滦赵各庄煤矿，帮助节振国进行抗日活动（当时节还没有入党）。爸爸告诉我，在节振国那儿他的公开身份是大师傅（厨师），以厨师身份作掩护。

提起暴动，我妈妈也有一段值得一提的佳话。暴动前，为了组织抗日武装，八路军要筹措经费买枪支弹药。妈妈主动把她陪嫁的嫁妆都献了出来。因为结婚时家境尚好，她有不少首饰和银洋，全部交给了当时的领导人阎达开。新中国成立后，阎伯伯还和我妈开玩笑地说："我欠的债还没还呢！"妈妈从来没想过要还，她支持抗日活动是义无反顾的，她献给革命的又何止这些首饰银洋呢？

1938 年的抗日大暴动中，所有的地下党人身份都公开了。起义队伍离开了家乡，敌人对革命者及其家属进行了残酷的迫害。当时爸爸作为共产党领导干部的身份早已家喻户晓，爷爷家就是乐亭抗日暴动的指挥部，家属也暴露无遗。爸爸和队伍转移后，敌人悬赏捉拿爸爸。敌人还在爷爷家院里扔下一颗炸弹，炸死了两个人。后来，敌人又抓走了爷爷，关进城里宪兵队的大牢。敌人逼他交出儿子，他不交（他也真不知道儿子在哪里），他被毒打、坐老虎凳、灌辣椒水、拔胡子，受尽折磨。家里为营救爷爷，变卖掉了大部分土地和值钱的东西。爷爷家被抄家封门，从此一家人星散逃难。

妈妈怀着八个月的身孕，带着两个儿子到处躲藏。亲戚们也不敢让她长住了，因为随时有敌人搜查的可能。家乡实在待不下去了，爸爸一点消息也没有，妈妈和姥爷商定离开家乡去逃难。因为铁路查得紧，妈妈决定带着两个孩子从水路经渤海逃往东北，投奔在哈尔滨的大爷。

那时的海上运输工具就是木帆船，乐亭也没有码头。大人们抱着孩子蹚水上船。船在海上遇到了风浪，在海上漂泊了三天三夜。小船猛烈地摇晃，从来没有坐过船的妈妈呕吐不止，一连吐了三天，滴水不进。船最终无法航行，又回到岸边。妈妈被抬到岸上时，已昏迷不醒，根本没法回家，就躺在沙滩上听天由命。至于肚子里的孩子，人们已经完全不抱希望了。

妈妈醒过来，静静地躺在沙滩上，眼看太阳就要落山了，同行的人们都纷纷离开海滩回家了。正在绝望之时，来了一辆拉草的牛车，一打听是西海村的。真是老天有眼，救母子活命，因为爸爸的一个姑姑嫁给西海的人家了。妈妈就被抬上牛车拉到了姑奶家。姑奶给妈妈喂了些米汤，妈妈才慢慢缓过来。妈妈是在船上光吐不吃虚脱了，仗着她身板硬，在姑奶家休养了几天就恢复了。

从姑奶家离开，妈妈又带着孩子们回到张各庄娘家。那里是母子温暖的乐园，可也是敌人注意的目标，宪兵队已经传讯过姥爷，姥姥家也不能久留。姥爷暂时把妈妈转移到亲戚家，而后安排妈妈和回东北工作的四舅同行，乘火车前往哈尔滨投奔大爷。有四舅的照应，妈妈一行人顺利地到了哈尔滨。

就在哈尔滨大爷给租的小屋里，妈妈生下了自己的大女儿。那时根本谈不上去医院，就在家里生产。由于受了一个多月的折腾，孩子先天不足，瘦得只剩一把骨头，15 天才睁开布满血丝的眼睛。大伙都认为这孩子肯定活不了。在那个战乱的年代，连大人的生存都很困难，就更不用说小孩子了。孩子满月刚过三天，妈妈又不得不启程离开哈尔滨前往奉天（今沈阳市）。临行前，亲戚们对妈妈说："孩子在路上如果死了，就从火车窗口扔出去吧。"妈妈挤上火车，亲戚把俩男孩子从窗户塞进去。妈妈手里抱着一个女儿，带着两个儿子，坐上了南行的火车。火车上秩序很乱，妈妈坐在靠车窗的一个座位上。孩子一动不动地在被包儿里睡觉。妈妈以为死了，打开小被看，一打开被子孩子就哭，几次都是如此。妈妈见孩子还没死，也不忍心扔下去，就一直抱到了奉天，一路上连尿布也没换过。后来给孩子起名叫滨凤（奉的谐音）。这个大难不死的孩子就是我。

我小的时候，不知听过多少遍这个故事。妈妈晚年，我去照顾她的时候，她又一次深情地看着我，提起这件事，还说："没想到你还活下来了，还长了这么个大个儿。"我很感谢妈妈的生养之恩。在我五岁之前，爸爸杳无音信，妈妈带着我和两个哥哥在东北亲戚家避难，真不容易。我的生命是妈妈千辛万苦保护下来的，纪念妈妈最好的方法就是把她的精神财富传承给后人。

五年逃难生活

从我出生到五岁，妈妈都是带着我们过着逃难的生活，先是在哈尔滨大爷家，后到沈阳二姨家，又到德惠姑姥家，后到长春二姑家……后又回到沈阳二姨家。转来转去，东北所有的亲戚家都跑遍了。妈妈在东三省避难并不是因为那里好，而是那里可以隐姓埋名躲避日军抓捕，保住性命。因为家乡敌人盯得很紧，认识的人太多。

那时东北是日本人统治的"满洲国"，中国人是亡国奴。中国人被奴役、枪杀、凌辱，是家常便饭。中国人只能吃"混合面"（橡子面和糠、高粱等的混合物，吃了很难排便）等粗粮，大米白面是给日本人吃的，中国人吃了就是犯法。妈妈从黑市买点儿米或面给孩子们吃，都十分紧张。听说一个孕妇被汽车轧死后，肚子里流出大米粒子，不但不偿命，家里人还受到牵连。这就是日本人说的“东亚共荣”！

为了活命，人们也只能冒险在黑市买点细粮。有一回在德惠，妈妈刚买了半袋面粉，就听见院里乱糟糟的，一看是伪警察又来搜查了。情况紧急，妈妈机警地提起炕边的半袋面，放到炕头的被垛上，再盖上一块枕巾。伪警察进来，东翻西找，只在放粮食的小木柜里找到一些粗粮，无趣地走了。

妈妈和我们在东北逃难时的生活费用是大爷和姥爷设法解决的，我们穿的衣服鞋子都是妈妈亲手做的。妈妈带三个孩子，还是那么恶劣的环境，困难是难以想象的。但是妈妈保护和养育孩子，从无怨言，而且以乐观的精神战胜了一个又一个困难。现在还保存的一张照片就可为证。照片上的妈妈慈善安泰，乐观自信，一点

1943 年，李幼华与家人在沈阳合影。左起：二哥李云成、李幼华、母亲李文华、大哥李旭民

没有逃难者的样子。大哥二哥站在两边，穿的是妈妈亲手做的学生制服；我站在妈妈前边，靠在妈妈腿上，穿的是妈妈亲手做的绣花鞋。

除了生活上的种种困难外，当时更大的困难是要时时提防敌人的盘查。大哥二哥都是关不住的男孩了，在外边万一说漏了嘴，那可了不得，妈妈时时要叮嘱操心。例如，别人问："你爸爸在哪里？""你爸爸干什么？"都要有事先编好的说法。在德惠时说："在哈尔滨，做买卖。"在沈阳二姨家的对门住的是一个警察，对我们几个住在这儿，老看不见孩子的爸爸，好像起了疑心。妈妈又让我们说"爸爸没了"，免得别人打破砂锅问到底，孩子们说错了惹祸。我们谁也不愿意这样说。我们想知道爸爸在哪里，干什么，什么时候能见到他，妈妈更是为爸爸担心。这样的日子整整熬了五年，可妈妈硬是挺了过来，真了不起。

有意思的是，妈妈给我讲过一个故事，那是妈妈的一个梦。妈妈梦见爸爸躲在一棵芭蕉树下。她把这个梦讲给姑姥听，姑姥说："芭蕉，那不是八路军吗！"妈妈觉得有道理。果然不出所料，1943 年，姥爷托人带口信说，爸爸是八路军，已经打回老家来了，爸爸派人给姥爷送信了。

回到敌后抗日根据地

1943年，我已经五岁了。姥爷带信到二姨家，告诉妈妈我们可以回老家了。跟着妈妈回老家的情景我记得不多，只记得从昌黎下火车，乘坐骡子拉的胶皮轮子的大车。中间还过了一条河，就是滦河。河上没有桥，大车是蹚着水过河的。

正行进时，突然树林中冲出几个手持红缨枪的人，拦住了路，盘问车上的人从哪儿来，到哪儿去。原来是到了八路军的地盘了。听过我们的回答，盘查者好像知道我们是八路军的人一样，变得十分热情。我们也觉得松了一口气，可算到解放区了。大车把我们一直拉到姥姥家。

后来知道，这时期，抗日战争已进入相持阶段。我爸爸奉命开辟路南根据地，包括昌黎、滦县、乐亭等几个县，后任八路军冀东军区第十七军分区司令员兼政委、地委书记，那时，爸爸的队伍就在家乡农村一带活动。日军只占据少数据点，广大农村都是八路军控制。

这以后，我们就跟着爸爸打游击了，有时在这村，有时在那村，有时和爸爸在一起，有时把我们安排在老乡家。妈妈除了照顾我们孩子外，还负责保管文件，还管理部队的伙食。1944 年，妈妈又生了一个女儿，就是大妹妹。大妹妹出生的那个村子因为名称很有趣，所以我记得，叫“王八赶庄”，听说是因为发水赶着村子随河岸迁移而得名。

我的家乡冀东是晋察冀敌后抗日根据地的一部分。八路军神出鬼没地打了不少胜仗，斗争的胜利和老百姓的支持是分不开的。八路军打日军，老百姓真心实意拥护八路军。八路军也是真心实意为老百姓，在广大农村建立了抗日民主政权，实行了减租减息。那时候，群众工作做得深入人心，儿童团、妇救会、民兵抗战的积极性可高了，站岗放哨查路条，做鞋做饭搞拥军慰劳。抗战的歌曲男女老少都会唱，像《歌唱二小放牛郎》《红缨枪》《八路好》等等，我都是那时学会的，至今都没忘。

还有一点感受我觉得很可贵，就是那时人人平等的气氛。长工翻身有了地位，东家也得尊重几分。普通农民可能就是干部和党员的救命恩人，八路军的胜仗可能就要依靠某个百姓的情报。今天是老百姓的小伙子，明天可能就参了军。在民族危急存亡的重要关头，大家目标一致，团结一心。八路军代表人民的意志和利益，人民拥护八路军，这是顺理成章的事。当时农村经济还比较活跃，解放区社会治安也较好，不但惩治汉奸恶霸，还改造流氓懒汉，真的是“路不拾遗，夜不闭户”。老百姓不但有饭吃，还供养八路军（因为八路军没有军饷）。总之，是一派劳动人民当家作主的新气象。

在抗日根据地战火弥漫的土地上，让我们永远不能忘记的是八路军和老百姓的鱼水情，像我们这些人也是老百姓掩护才活下来的。爸爸给我讲过两个真实的故事：一个故事是关于一位英雄老村长的。八路军一位伤员隐蔽在一个村子里。日军来了，把老百姓都赶到麦场上，追问伤病员的下落，老百姓都不说话。日军把老村长叫出来。这位老村长表面是给日军办事的，是伪村长，实际是向着八路军的，是我们的基本群众，当时有很多这样的“两面政权”。老村长知道八路军伤员在哪里，但是不告诉敌人。敌人把他绑在大树上，把刺刀顶在他的肚子上，威逼他“不说就刺死你！”，他还是说不知道。敌人用刺刀挑开他的肚子，他在最后时刻两眼睁圆，高喊：“打倒日本帝国主义！”他用自己的生命保住了八路军战士的生命。爸爸说，当时他还在战地小报上写过一首诗，赞扬这位英雄农民。另一个故事说的是一位妇女。有一位伤员在她家养伤，日军来搜查，问她：“炕上的是谁？”她说：“是我男人。”日军不信，要试试她，叫她和男人亲嘴，她就亲了。那年代中国人很传统保守，日军认为不是她丈夫是不会亲的，所以就走了。爸爸满怀深情地对我说：“这位妇女也很了不起。我们共产党什么时候也不能忘了人民啊。”

作为军属前往东北

日本投降后，冀东的八路军李运昌部奉党中央命令率先出关收复东北。我爸爸和妈妈决定只带着我和妹妹随部队前往，把两个哥哥留在老家了。临别时，在姥姥家西屋安顿事情。爸爸坐在炕边椅子上，我站在爸爸身前，大哥拿着爸的手枪耍弄。爸爸刚刚把我抱到他腿上，大哥的枪就走了火，子弹从我身前擦过，穿入木柜里，真把一家人吓坏了。

我们家属到东北去是坐的火车，沿途我看到好多等待遣返回国的日本移民。到东北没多久，妈妈又不得不转向，带着我和妹妹回老家了。原来八路军走后，老家的汉奸摇身一变成了国民党的接收大员，“还乡团”到处屠杀共产党抗日干部和家属，乐亭有位副县长的儿子已经被杀了。妈妈是冒险回去接我两个哥哥的，她悄悄到家接了儿子马上又返回东北。

返回东北的路上，妈妈带着我们在昌黎县等待火车，住在一个小旅店碰到盘查。两个小特务见大哥是个半大小伙子，就凶狠地问：“你是干什么的？”大哥向来说话就倔，回答：“什么也不干！”“你是小八路！”

特务说。妈妈赶紧说："他才 13 岁，个子长得高。"可是特务不听，一个特务就把大哥带走了。妈妈正着急，又进来一个特务头子，可把妈妈吓坏了，这人原来也跟爸爸当八路，后来被捕投降当了特务，他认识我妈。妈妈心想："这下完了。"但还是面不改色，静待事态发展。那人进来后看见我们，先是愣了一下，随后装作和屋里人不认识的样子，转身和小特务说了几句什么，就带小特务走了，不久也把我大哥放回来了。原来这个人虽然跟了敌人，但良心还没坏。再说，出卖了我们对他不利，会暴露他很多关系。这样，我们又化险为夷。后来，他托人给我爸带过来一个字条，说要回到这边来行不行。经过请示，上级批准他重新回到革命队伍。他后来带着枪，从敌人那边又跑回到共产党这边。

过了这一关，坐上火车就到了东北。找到爸爸以后，我们就一直没有离开自己的队伍。我爸爸在东北时，历任黑龙江省防军第一支队司令员兼政委，中共辽北省工委书记，省军区司令员、政委，省委副书记等职。我们是随军家属。

当大部队开拔时，我们家属另有队伍，走得比部队晚一段时间。我们看不见部队的行动，但有少量军人保护我们。有一回，有一个机枪班跟我们一起行动，我们乘大卡车飞速行驶在一条公路上，突然遇到敌人挖掘的壕沟，有一米多宽，汽车来不及刹住，竟然冲了过去。

因为强烈颠簸，汽车左侧的车门颠开了，妈妈正抱着妹妹坐在副驾驶座，一下子被摔出去，倒在土路上。妈妈的腰摔断了，可是手中抱着的孩子没有受到一点伤。当时我在大汽车的敞篷车厢里，天特别冷，头上蒙着毛毯，还冻得瑟瑟发抖。出事后我从毯子里钻出来，看见妈妈已被人扶起来，脸上有几处擦伤，当时不知腰椎已经骨折，妈妈还咬牙挺到目的地。后经医生诊断需要做手术，可是天天在行军，没有条件治疗，妈妈躺了一个来月，骨折自愈（但是有错位）。这次负伤成为妈妈晚年瘫痪不能行走的原因。

1946 年，李幼华与家人于西安军分区司令部合影

还有一次是往更北的地方走。爸爸骑马和部队奔驰在雪原上，呼啸的西北风卷着大雪，一片白茫茫。我们坐的是带篷子的马车，里面暖和一些。马车也是在雪原上飞快地奔驰。一次没关好门，冷风从门口窜入，我伸手去关门，不料一个大人的手比我快，一下子把门拉上了。我的手被门挤得血流不止，两个指头皮肉分

家，连疼带吓我大哭起来，后来由卫生员给我包扎起来。我也成了小伤病员了，解系裤带也不行了。后来，到了哈尔滨附近一个城市，我受伤的手指甲掉了，长出一个“猴指甲”，我觉得很难看。不记得又过了多久，才长出新的正常的指甲。

在东北的记忆

日本投降后，蒋介石又发动了内战。1946 年，当时国民党进攻我军，来势十分凶猛。形势十分紧张。我们随队由四平退到哈尔滨。

当时，妈妈又要临产，不能再跟部队走了，被临时安顿在哈尔滨一个旧居民楼的房子里。爸爸带着二哥住在松江军区司令部。那时大哥已经离家参加革命，只有八岁的我、三岁的妹妹和妈妈住在一起。不远处还安顿了另一位家属，是妈妈唯一的同伴和帮手。12 月 16 日半夜，妈妈临产时，自己走出去敲开她的门，请她来帮忙。我听到她们说“烧开水”“烫剪刀”等话，也不知道发生了什么事。听见小孩哭才知道生下了我的大弟弟，后来取名叫哈生。

当时，哈尔滨局势很乱，到处是土匪杀人抢劫，每天听到的都是这样的消息，直到我军把敌人挡在离哈尔滨不远的双城以南，局势才稳定下来。此后，我们搬到了东北局所在地——哈尔滨南岗的一座七层大楼里住，那里有警卫站岗，有现代的卫生间，可以洗澡。楼对面是有名的俄罗斯东正教大教堂（老百姓称喇嘛台），很是宏伟壮观。在东北局的这段时间，我们能看到画报，听到许多打仗的消息，学了一些战斗歌曲，如《没有共产党就没有新中国》《说打就打》等等。我知道蒋介石调动几百万大军打内战，还有美国的支持，可是被解放军打得节节败退。长春被我军包围，画报上一条毒蛇盘在一个桩子上，下面全是汪洋大海。我懂得这是说，长春的敌人已经被人民战争的汪洋大海包围，走投无路了。

在哈尔滨后来有一段时间，我们和妈妈住在一个工厂里，院里是堆积如山的大豆，地址在松花江边，我第一次看到美丽的松花江。可是，附近许多楼房都成了废墟，听说是日军 731 部队搞细菌战，使这里流行鼠疫，好多人家都死光了，只留下残垣断壁。

后来，我们又跟着爸爸到通化。1948 年除夕，爸爸又奉命打点行装准备启程。我们的新旅途就这样又开始了。不过，已经不再是逃难，也不是撤退，而是向着新中国前进。大年初一早上，朝阳照耀着大地，我们一行人登上卡车准备离开这个青山绿水的小城。解放战争节节胜利，爸爸奉命去接收沈阳。迎着灿烂的朝阳，我们的大卡车出发了。

姥姥的抗战故事

崔凡芝

崔凡芝，1938 年 10 月，出生于山西盂县。1966 年，毕业于北京大学中文系古典文献专业。1974 年后，任教于山西大学历史系。曾任山西古籍整理委员会委员、中国历史文献研究会理事。2004 年退休。

崔凡芝姥姥留影

崔凡芝近照

1938年，我出生于山西盂县，在姥姥家度过了抗战最困难的时期。在我的回忆中，总有姥姥的音容笑貌浮现，勾连出许多往事的片段。我因此萌生出写写姥姥的想法，写她在劫后余生的艰难岁月中，以家国大义，扛起家庭重担，坚定地支持家人参加抗日斗争的种种情况，以纪念姥姥。

连续浩劫，姥姥扛起家庭重担

七七事变后，日本侵略者大举进攻华北地区。10月，盂县成立抗日民主政府，属晋察冀边区领导。1938年1月，日军占领盂县城，对当地实行了残酷的殖民统治。山西军阀阎锡山表面联合八路军抗日，实际和日本人暗中勾结，默许日军在共产党开辟的根据地推行残酷的“三光”（杀光、烧光、抢光）政策。1939年秋季，日军悍然在盂县开始实行“三光”政策，使根据地千万军民遭受杀戮，抗日斗争进入了最艰难的阶段。

我的姥姥王仙荷，生于1890年，自幼丧母，寄养在外祖母家。13岁时，与姥爷郝山傑结婚，那时姥爷刚10岁。姥爷姥姥育有五个子女：大舅、二舅、母亲、三舅和四舅。姥姥以怎样的辛劳度过了那段艰难岁月，我不得而知，但她刚50多岁，便已是个腰弯背驼、头发花白、眼窝微陷、沉默寡言的沧桑老人了。

1939年秋季某一天，“鬼子来了”的警报声突然在姥姥家所在的磨盘村响起，村民纷纷扶老携幼向山沟转移。姥姥带着家小跑出大门，大妗子抱着不足周岁的小儿子也在人群中，但不见大儿子。刚从田里回来的大舅马上回家，将大儿子带了出来。出大门时，就听有人喊：“鬼子进村了！”于是大舅折回，想从后门出去，登上北山逃走。他刚爬上山梁，一队日军已包抄上山。大舅父子不幸罹难，他们的遗体血肉模糊、肢体难辨。光孩子的上衣上，就有八个刺刀窟窿，他显然是被鬼子乱枪挑死的。大妗子心痛如绞，后来神经错乱，被娘家人接回去了，不久，传来了母子俱亡的噩耗。在这种情况下，家庭的重担自然落在了姥姥身上。她强忍悲痛，毅然挺身支撑这个破碎的家庭，坚定支持家人的抗日斗争，渐渐成了抗日洪流中的一员。劫后余生中，她一点一点安排家人后事。

姥姥家是坐北朝南的两进院落，房子全被烧光了。前边是个小院，开大门，面街，门扇被烧了。后边是个稍大的四合院，地势较高，由二门阶梯式连接上下两院。二门楼是砖石结构，门墙很厚，还有一段砖墙走廊，火苗烧不到门扇，所以能保留下来，派上了大用。姥姥让人取下一扇来，放上大舅的遗体，寄埋在祖坟的旁边，待之后夫妻合葬时再埋回祖坟。按乡俗，不足岁不能入祖坟，于是请人将三岁的大孙子埋到了山沟里。

村子里的民房大多被烧掉，一村人颠沛流离，食无定餐，居无定所。姥姥一大家人暂时落脚到别人家的牛棚里住，但还是人多住不下。其他亲戚带孩子或回娘家，或投亲靠友，化整为零，艰难度日。不久，姥爷带领子侄在小院盖起两间简易小房。

1940年七八月份，百团大战在根据地各处展开。为了阻击日军疯狂的“大扫荡”，八路军、游击队、民兵和一些革命武装，在相应的路口、山沟，形成层层的对敌包围圈。敌我双方只要遭遇，便是一场恶战。村干部随时准备组织民众转移，避免遭受屠戮。

我父亲崔玉章（新中国成立后任团中央第二招待所所长，国家体委总务科长等职），1917年出生，1939年入党，此时正和县区武装组织在一起，配合主力部队作战。我还不到两岁，母亲怀孕七个月，有事母亲就回娘家求援。

我家在宋家庄，距姥姥家的磨盘村大约10里路。一天，听说日军又要来“扫荡”，母亲抱上我，提上包袱，赶紧往姥姥家跑。磨盘村的百姓正往山沟转移，母亲找到姥姥，随大家一起转移。由于长途跋涉，加上又惊又怕，母亲体力不支，瘫坐在地，姥姥赶紧扶她到路边的一个土洞里休息。结果母亲大出血，孩子掉下来，是个男孩。母亲痛苦地挣扎着，姥姥极力抢救她，但由于正在交战，姥姥想找人帮忙，却根本无法走出洞外一步。就这样，母亲和弟弟惨死在洞中。这一年母亲只有22岁。

我不懂发生了什么，爬到母亲身上，哭喊着想叫醒母亲。姥姥只能把我抱在怀中，贴着我的脸，安抚着我。在这生离死别、白发人送黑发人的痛苦中，姥姥别无他法，只能先把我保护起来。等安全了，姥姥让人把二门上的另一块门扇摘下来，将母亲的遗体抬上去，寄埋在山洞附近，将弟弟埋在山沟里。不到两年，两块门扇，送走一双儿女，这是怎样悲苦的人生。但这样的人生，何止姥姥一家。在疯狂的“三光”政策下，无数家庭同样遭受浩劫。

事情发生后第三天，父亲闻讯赶来。痛哭过后，他开始担心我的抚养问题，哽咽着问姥姥：“娃子咋办？”姥姥说：“你走吧，打鬼子要紧，娃子我养。”父亲带着对敌人的仇恨，带着对姥姥的敬重与感激，继续投入了轰轰烈烈的战斗中。

姥姥告诫家人说：“日本人欠咱们家六条人命！”让大家牢记这笔血债。她把共产党、八路军称作“咱们的人”，立场绝对鲜明。在抗战中，她虽然不是共产党，不是八路军，但她义无反顾，把家人都送到了共产党、八路军的队伍中，坚定支持、保护他们的抗日斗争。

姥爷负责支前工作，全然顾不了家庭。姥姥就承担了家务以及耕作安排，让姥爷全力以赴做支前工作。二舅 1937 年参加八路军，出生入死，和家里失去了联系，家人十分担心。姥姥送二舅参军时，便做好了各种思想准备，所以与二舅失去联系后，她也是尽量往开里想，安慰家人说，没有阵亡通知，就是还活着，还在打仗。姥姥的话稳定了家人的情绪，也激发了全家斗争的勇气。

三舅和四舅渐渐长大，由儿童团进入游击队。游击队的活动往往是昼伏夜出：白天潜伏，保存力量；晚上埋地雷，袭击敌人。当他们完成任务后，就带着队员们趁黑赶回家中。他们先发信号，姥姥辨别后，告诉家人说“是咱们的人”，马上穿衣开门，迎回家中。姥姥藏好地雷、手榴弹，招待队员吃饭，安排他们休息，然后提个小板凳坐到偏僻处，为大家站岗放哨。在汉奸特务随时可能出现的情况下，姥姥冒着风险护卫游击队，从未出过事故。队员们感激地称她为“子弟兵的母亲”。

艰难度日，姥姥抚养我长大

1940 年之后，敌我双方仍处在相持阶段。日军“扫荡”越加疯狂，一年中会发动春季、秋季、冬季多次“扫荡”。我在姥姥家，跟着全家人不断地“跑情况”。所谓“跑情况”，就是日军来了，大家急忙躲避撤离。小时候我跑不动，要人抱；长大些，自己跑，但还是跑不快，拖累人。姥姥总是跟在我左右，看护照顾，生怕有闪失。

记得我四五岁时，一天正和村中孩子一起玩耍，日军突然进村，我来不及找家人，就和几个孩子躲到一堵墙后边，不敢说话，等日本兵撤走后才出来。姥姥急坏了，要求我不许远离家人。后来听说，日军进村，发现空无一人，也无财物牲畜可抢，便摘了些梨子撤走了。这次算是有惊无险，把姥姥吓出一身冷汗。她加强了对我的管制，寸步不离。在姥姥的管教下，我慢慢地懂事多了，也配合大人做事。

为防止敌人抢夺粮食财物，上级组织民众坚壁清野，加强防御，把粮食财物埋到野外藏起来，群众家留少量食用。过段时间，让民兵取回一些救急。为了抗击日军，大家忍饥挨饿，节衣缩食，共度艰难。粮食少，就用瓜菜替代。野菜、树皮、槐花、榆钱、野蒜，都是食物。最困难时，人们甚至用观音土充饥。但是，人吃了观音土就会难以排便，痛苦不堪。

姥姥家人口多，做饭时就在院里支一口大铁锅，倒一桶井里打来的水，撒一把小米，加上土豆、萝卜、南瓜，再来一勺萝卜缨腌的酸菜，熬出一锅菜饭，清汤寡水。稀少的小米形不成饭味，实际就是一锅菜汤。干粮是玉米面加米糠、苦菜做成的窝窝头，粗糙苦涩，难以下咽。由于我年纪小，正在长身体，姥姥尽量调剂我的饮食，除和大家一起吃外，还炖瓜瓤给我吃，虽然味道不太好，但细腻绵软好下咽。就算这样，粮食还是不够吃，人们大多营养不良。

父亲是革命干部，按规定享受供给制待遇，家属可领取生活补助。当时都是发小米，父亲就背回来补充家用。领了两次，姥姥就告诉他不要领了，说："公家也不容易，咱家自己解决吧。"全家咬牙坚持，苦渡难关，一直坚持到抗战胜利，日子才有所好转。我在这种氛围中，也认识到先人后己，舍小家顾大家是一种受人尊敬的美德。在我心中，姥姥的形象，更加高大。

怀念姥姥

姥姥想念失去的亲人，我也想母亲。我羡慕别的孩子有母亲抚爱，这种心情，经常流露出来。姥姥家的母羊死了，小羊吃不上奶，咩咩叫个不停。我抱起小羊，拍着哄它，嘴里还念叨着安慰它的话。姥姥觉得好笑，让我放开小羊。我认真地对姥姥说："我没妈妈，小羊也没妈妈，它太可怜了。"姥姥听后，把我和小羊紧紧地搂入怀中，沉默无言，泪流满面。

我的母亲从小乖巧懂事，善解人意，能帮姥姥做很多事，做得最多的是针线活。母亲生来手巧，各种针线活都做得好。全家十几口人，光鞋就要做几十双。从搓麻绳、纳底子到上鞋，简直是重体力劳动。夏天单衣，冬天棉衣，都是妈妈和二姥姥两人辛苦赶制出来的，帮了姥姥的大忙，让她可以挤出更多时间料理家务。

姥姥沉浸在往昔与我母亲相处的日子里，常常对我呼唤母亲的名字："花子，谁走了？""花子，把……给我提过来。""花子"是她对我母亲的昵称，叫我的话应是"芝子"。但我已习以为常，无论叫什么都是在唤我。我乐得以母亲的身份，去弥补姥姥的思念。我和姥姥互相慰藉，失去母亲的我，实际上也享受了满满的"母爱"。

1945年日本投降后，我母亲的遗体被迁回老家宋家庄，姥姥带着我护送母亲遗体到祖坟旁。寄埋完毕，姥姥再也忍耐不住，喊着我母亲的名字大哭起来，深深诉说着对她的思念。我想念妈妈，心疼痛苦中的姥姥，也大哭起来。我们把所有的思念和痛苦都告诉了母亲。

新中国成立后，我父亲接我到北京上学。我刻苦读书，后来考入北京大学，二老深感欣慰。姥姥感慨地对我说："你妈妈如果地下有知，肯定会很高兴。"这更促使我把思念变作继续努力的动力，兢兢业业工作了一辈子。二老在四舅的陪伴下，平静地度过了他们的晚年。1963 年，姥姥逝世，享年 73 岁。

作为普通农村妇女的姥姥，身上有着中华民族爱憎分明、坚韧不拔、吃苦耐劳、顾全大局的传统美德。在整个抗战时期，她支撑着家庭，守卫着家园，养育着后代，以身家性命保护着亲人的抗日斗争。在姥姥身边长大，从苦难中走出来的我，对此感触尤深。我庆幸有这样的姥姥，写出她的故事，以衷心祭奠告慰她。

重庆大轰炸的幸存者和隐战者
——忆父母沈安娜与华明之

华克放

华克放，沈安娜、华明之之女。1940 年生于重庆。国家机关干部。

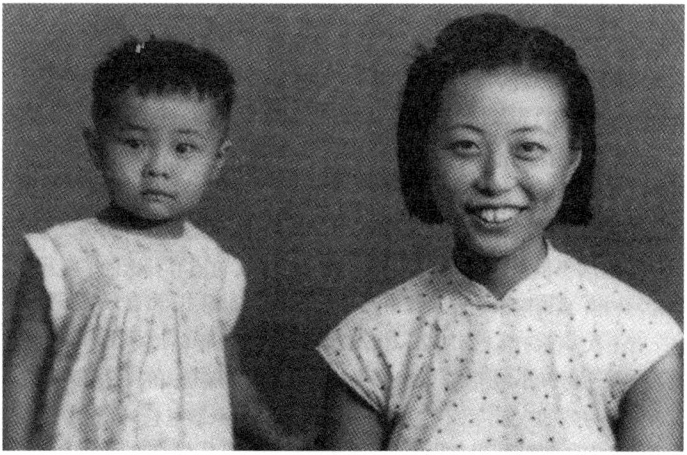

1943 年，华克放与母亲沈安娜合影

华克放近照

我的母亲沈安娜和父亲华明之，1935 年成为中共领导的一对秘密情报夫妻组。全民族抗战爆发后，1938 年始，他们根据党组织指示，在重庆生活、奋斗了八年。我出生在重庆的防空洞里，在那里经历了难以忘怀的幼年生活，也听到过许许多多父母所经历的刻骨铭心的故事。在中国人民抗日战争胜利 80 周年的日子，我难以忘记那个时期父母所经历的苦难与艰辛，特别是重庆大轰炸最为惨烈的 1939 年至 1941 年。我的父母是幸存者，更是隐战者！

母亲在大轰炸中光荣入党

1938 年 5 月在武汉，母亲沈安娜领受了周恩来、董必武、邓颖超、博古等领导同志交付的秘密任务，打入国民党中央党部秘书处担任机要速记员，为党搜集情报；同时，党组织指示父亲华明之在母亲身旁做指导、协助、掩护工作。多年以后，母亲一直记得，1938 年 5 月，她千里迢迢从浙江，经长沙，到达武汉后，在武汉“八办”（八路军办事处）最先见到的就是董必武。董必武对母亲说，你和华明之已由党内老同志鲁自诚向党组织做了可靠的政治证明。在上海白色恐怖下，你们从事的是秘密情报工作，是有成绩的。根据你过去在浙江省政府主席朱家骅手下担任速记员的经历和条件，现在党组织希望你去找时任国民党中央党部秘书长的朱家骅，设法打入国民党中央党部，争取仍担任速记工作，这样就有条件相机为党搜集情报。

随着日本侵华战争的步步进逼，我父母奉党组织之命，离开即将沦陷的武汉，来到“陪都”重庆。日本军机对山城重庆长达六年惨无人道、无差别的大轰炸，在这时候开始了。1939 年，从“五三”“五四”大轰炸到“八一九”大轰炸，重庆被炸得满目疮痍。但是，中华民族的抗战血仇却丝毫没有减退，重庆百姓在大轰炸后依旧不屈地怒吼。

1939 年 5 月 3 日至 4 日的大轰炸时，24 岁的母亲刚怀上了我，正经历妊娠反应。白天躲在防空洞里一整天，不知洞外的重庆怎么样。到晚上解除了警报，父亲正要小心翼翼扶着母亲出洞，却听到命令：“开会啰，沈琬（沈安娜当时用名），去速记！”父亲只好独自先回家。母亲一天没吃饭，一边反胃呕吐，一边夹着小皮包到会场。

那时国民党高官的防空洞有电灯、有厕所，还有勤务兵伺候。他们白天在高级防空洞里吃饱喝足了，入夜即开会，一开就是两三个小时。母亲边速记，边呕吐。会上官员言辞激昂，却全是空话。会议开完已近半夜。她说，出了会场才看到，原先的重庆已不复存在，被炸成了一片废墟。房屋马路全变成了断壁残垣，瓦砾遍地，火还在熊熊燃烧。活着的人，大喊大叫；死了的人，身首分离。恐怖的环境令人喘不过气来。

母亲说，她高一脚低一脚，踩着瓦砾，避开尸首，捂着肚子撑着腰，摸黑回到我们的家——上清寺街75号二楼。到家一看，还算幸运，房子没有被炸烂。父亲告诉我，大概是因为75号这座小楼房夹在比较结实的两座楼房中间，左边是宪兵队，右边是国民党元老吴稚晖的家，才幸免于难。

母亲沿着小楼梯，气喘吁吁爬上二楼，眼见父亲正在搬家。原来我们住着临街的那间房门窗全震烂了，玻璃碎了一地。本来家里窗户上的一块白布，是用来向上

月台坝陡峭的石梯

东水门吊脚楼

级传递是否安全的暗号用的，现在被炸得没了窗、也没了门。父亲只好把床椅等勉强可用的家具，搬到房间对面的一间久无人住、更小更烂的屋子去。好在还有个吊脚楼的小“阳台”，可以放炉子、水缸等杂物。父母说，这比成千上万无家可归的百姓已经好多了。在无休止的狂轰滥炸下，百姓搬家是常事，谁不愿意有个遮风挡雨的房子？可在大轰炸下，我们家在这间不足 10 平米的小破房子里，一住就是八年。因为这里是党组织与父母的“秘密联络点”，坚决不能搬，一定要守住！

重庆的天气，每逢秋冬便有数月的雾季，浓浓的大雾连绵着雨水。在浓云雾气笼罩下，日机基本无法再轰炸，重庆便在这几个月稍复生机。百姓修房子，修工厂，修防空洞。达官贵人酒照喝、舞照跳。我至今清楚地记得，在大轰炸间隙的雾季里，在那间破烂小屋，父亲常会拿出他心爱的口琴，擦拭擦拭，父亲轻轻吹，母亲慢慢唱。记得有一首叫《长城谣》的歌，其中有两句“万里长城万里长”“四万万同胞心一条，新的长城万里长”，朗朗上口。我还记得，有一首叫《松花江上》的东北救亡歌曲，母亲边洗衣、边流泪唱道：“爹娘呵，爹娘呵，何时才能欢聚一堂！”悠长的口琴声伴着低沉的女声，时过 80 年，还会在我耳边缓缓响起。这是真实的抗战时代背景音乐，是父母思乡思亲的情怀寄托，蕴藏着他们不屈不挠的抗战精神。

1939 年“八一九”大轰炸之后，南方局党组织根据抗战形势的变化，特别是国民党顽固派“消极抗日、积极反共”的真面目日渐暴露，决定由南方局妇女委员卢竞如接替时任南方局常委、《新华日报》主编的吴克坚，直接领导联系沈安娜、华明之的秘密情报工作。

卢竞如从红岩村下来，来到位于上清寺街 75 号的家，如约与父母接头联络。

被父母称为“大姐”的卢竞如，严肃而又兴奋地告诉妈妈：“安娜，根据你多年的入党申请和现实积极表现，由我卢竞如做介绍人，经中共南方局组织部部长博古批准，你，沈安娜，成为一名光荣的共产党员了！”妈妈听了高兴得跳了起来，爸爸和卢大姐马上按住说：“安娜，别跳啦，小心肚子里的娃儿！”

随即，卢竞如郑重地传达了南方局党组织对沈安娜在 1939 年 1 月前后所获取的国民党五届五中全会“溶共、限共、防共、反共”的重要情报，给予了高度评价和表扬。

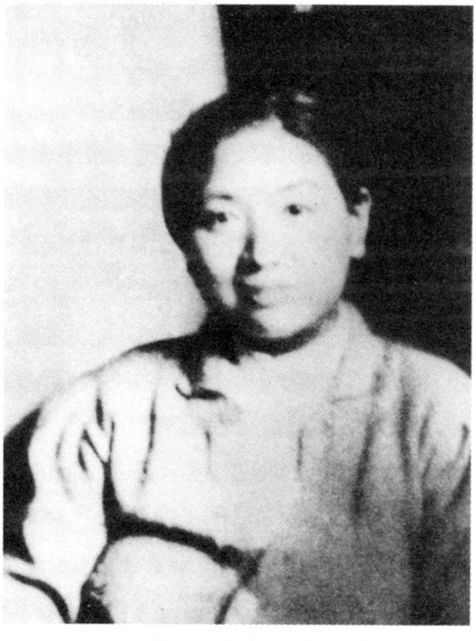

1939 年，卢竞如在重庆

当时的南方局书记周恩来不在重庆，由时任组织部部长的博古代理南方局书记。卢大姐转达了重要指示：进入战略相持阶段，日寇对国民党政府施行“政治诱降”为主的方针，要坚决应对国民党顽固派的“消极抗日、积极反共”的策略，击退他们的“反共高潮”，才能确保抗日民族统一战线、真正的“国共合作、一致抗日”。你们身处国民党的机要中枢，要对顽固派的反共倾向时刻保持清醒、警惕，相机获得对我党有用的情报。

60多年之后，年届90高龄的母亲提笔亲书：“一九三九年，在重庆，时任中共中央南方局组织部部长及社会部部长博古同志批准我加入中国共产党，并郑重指示，要对党始终坚贞不渝。”母亲在94岁高龄时对年轻同志们说：“我24岁入党，至今70年了。我是在抗日战争最艰难的时刻、在日寇对重庆大轰炸的1939年加入的中国共产党。当时没有仪式，也没有手续，但入党的神圣一刻，永记心上，从未改变！”

关于大轰炸的幼年印象

1940年2月，母亲临产了，就在防空洞里生了我。母亲说，两人拉一块白布挡一挡，就算“产房”了。白布外面，几个人帮母亲使劲，齐声喊道：“把娃儿生下来，把娃儿生下来！”父亲也在喊：“多一个娃儿，多一份抗战力！”母亲后来对我说：“我当时一使劲，忘了痛，就把你生下来了”。长大了，我也做了母亲，才知道什么叫撕心裂肺的产前阵痛。我的到来是母亲第二次生育，似乎顺当点，又是个女娃儿，父母高兴得要命。

大轰炸的防空警报一解除，父母抱着我赶快回家。家里一团乱麻，还要手忙脚乱伺弄我这个新生儿。这时，卢竞如（长大后我叫她“卢妈妈”）冒着随时会来的大轰炸、烧夷弹，一路踩着瓦砾，避开尸首，走好远路，来到我们家里，这叫父母惊喜万分。

那时刚搬到红岩嘴不久，驻在机房街的重庆八路军办事处也被炸毁了。卢竞如估算着母亲安娜该生娃儿了，便向南方局领导同志请示探望。得到批准后，她拎着大包小包来看望母亲。父母告诉我，卢竞如进门就抱起我，亲了亲说：“我也生过娃，后来我被捕了，可怜的娃儿就没了！安娜你这女娃儿，就是我的娃儿了！”她还问父亲，给女娃儿起什么名字。父亲说：“想叫‘华克放’，寓意中华民族一定能够解放！”卢竞如说：“好，好！这名字起得好，应了我们抗战的最终目的。小名，就叫‘小放’吧。”我40岁时，再次见到了卢竞如，她笑着告诉我：“小放，给你的见面礼是娃儿穿的小衣服、小帽子，还有一件红色的小斗篷。买这些慰问品的收据，还是南方局组织部长博古同志批了，在财务报销的。”

1940 年，沈安娜、华明之与女儿华克放在重庆合影

父母告诉我，我的婴幼儿年月，是在大轰炸下破烂不堪的房子里度过的。我幼年记忆很深的是，耳边常伴蛙声。我家吊脚楼面对一片水塘，父亲说那是重磅炸弹炸出来的大坑，积水多了，就成了烂水塘。从春到秋，一片蛙声总在耳边呱呱响。烂水塘滋生蚊蝇，整日在屋里飞来飞去，还有各种不知名的潮虫，在床上地上爬来爬去。稍记事的我，最怕的还是那大大小小的老鼠。在屋顶夹层里就有一窝老鼠，常在地上蹿来蹿去，或在墙壁爬上爬下。据当时报纸报道，硕鼠比娃儿还大，甚至会把小娃儿咬死。那时重庆的鼠患非常严重，老百姓对地上的老鼠，就如同对天上“狗日的飞机”一样憎恶痛骂。以至时过 80 年后的我，一见电视画面出现老鼠的

狰狞面目，就会厌恶地马上翻过去。

实际上，令幼年的我和小我一岁的弟弟最感恐怖的，是一墙之隔的宪兵队。半夜里常常传来犯人被拷打时的凄厉惨叫，一声接一声。我们家只有一张靠墙的双人床，弟弟出生后，四个人睡一张床，父亲只好在床边拼两张凳子，半个身子睡床上，半个身子睡凳上。半夜突然鬼哭狼嚎般的惨叫声传来，父母往往惊恐得腾地一下坐起来，捂着我和弟弟的耳朵，紧紧把我们抱在怀里。

时至今日，我仍保存着父母手书的一封信笺。信首父笔："个人、家庭正和国家民族一样，要我们尝试一个更艰苦的磨炼……这滋味，非体验过的人，实在不易真切地理解。……安娜产后已是两个足月的身体，仍然虚弱不堪，月前又发胃病、便血，……奶水不够，母子俩的泪流在一起……"信末母字："正值旧历岁尾，以贫病交迫之生活，每忆童年之欢欣，而今不堪回首矣！"

1940年的端午，日机又对重庆进行了密集的"疲劳轰炸"，那时我才三个月大。我姑父姑妈一家住在重庆南岸，姑父鲁自诚是父亲华明之的入党介绍人、母亲沈安娜的革命引路人。他们称姑父"鲁大哥"，称姑妈"韵三妹"。鲁自诚当时也在中共南方局领导下从事秘密情报、统战和兵运工作。可是，根据党的秘密工作"单线联系"的原则，他们与父母的秘密情报工作不能发生横的关联。然而，我们两家彼此血脉相通，心心相连。

那年端午，姑父姑妈和表哥克行眼看着江北上清寺一带遭遇前所未有的大轰炸，火光冲天。他们担心我们一家，姑妈带着克行惊恐万状呼唤时，姑父拿着相机拍下了那一瞬间，并在照片背面，以两岁小克行的口吻写道：“坡坡好大火啊！姆妈，娘舅家该不会中烧夷弹吧？！”并描写了当时的情景：“韵三母子于警报解除后，登高远眺，正值克行呼唤时摄。廿九年端午大轰炸后”。

1940 年端午节，华韵三与儿子克行合影。左为鲁自诚在照片背面的手迹

此时，正在上清寺街的父亲母亲抱着我，凭着母亲胸前佩戴的国民党中央党部徽章，得以躲进上清花园中一个专为中央党部机关职员和家属修建的防空洞。这个防空洞大约排球场大小，高不足两米，两侧洞壁凹槽中放个土碗，倒点油，将几根棉线捻成灯芯点着了，就

是灯。人们说，防空洞是“地狱”，点着的是“鬼火”。比起达官贵人的高级防空洞，这是个中等防空洞，里面大人小娃横七竖八、席地而坐，足有近百人，空气恶臭憋闷。炸弹落下，山石尘土飞扬，灯也灭了。父亲展开双臂护着母亲，母亲双手护着我，三人抱成一团。忽然，一个重磅炸弹落下，“鬼火”炸灭了，洞里一片漆黑，人被炸得弹起来，母亲抱着的我和包袱一起掉在地上。母亲大喊：“娃儿掉地上了，不要踩了我的娃儿！”同事们听到是母亲的喊声，都趴在原地不动，父母摸来摸去，好不容易才把我摸到，抱在怀里拍拍，我才如梦初醒，大声哭了出来。

轰炸稍停，我们赶快回家，还好房子没遭大炸，也没遭偷盗。倒霉的是一楼孙妈家，孙妈夫妇开个碾米小店挣钱养家糊口，端午大轰炸时，他们家着火了。父母正抱着我回家，父亲一看着火了，急中生智跑到二楼，一把掀翻水缸，把孙妈家的火浇灭了。孙妈夫妇从此管父亲叫“救火恩人”。

父亲还参加了民间自发组织的救火队，和楼下孙妈的丈夫一起，常常帮周围邻居家救火。父母说，这就是日寇大轰炸下我们中华民族的力量，百姓帮百姓、大家一条心。

孙妈夫妇为报答救火之恩，经常帮父母带我们两个小孩，端一碗自家牙缝里省下来的好大米给我熬米汤。看见我们家的熟人，孙妈都会客气地打招呼让上楼。如有陌生人在门前探头探脑，孙妈就会叫喊“碍着我们做生意了”，把他们轰走，实际上是保护我们。我至今记得孙妈那蛮厉害的模样，她常把我放在类似米桶的“站桶”里，他们就可以脱身去打开碾米机做营生了。一次，我在“站桶”里站不住蹲下了，哭声也被碾米机的轰鸣声盖住。父母下班回家，孙妈却找不见我了，忽然想起我还在“站桶”里呢，父母才把睡着了的我从“站桶”里抱出来。

那时，母亲生了娃却少有奶水。一位和母亲同姓又同乡的女同事，在中央党部秘书处任“录事”，那时她也生了娃，正常有奶，便经常让我吃她的奶。等我牙牙学语会叫人了，母亲让我叫她干妈。我至今记得她长着清秀的瓜子脸。干妈给我手织的红白相间的毛线衣裙，我幼时穿了好几年，舍不得脱。

母亲从小在泰兴老家学做女红，针线活也是一把好手，常在大轰炸间隙的漫漫长夜剪剪缝缝，做成娃儿衣裤和女人旗袍，回赠同事或闺蜜，也算是大轰炸下小职员们相互之间的抱团取暖。

母亲还告诉我，国民党中央党部有个印刷股，那里油烟味弥漫，机器声轰鸣，国民党会议重要文件和讲话稿都在那里油印和装订成册。母亲常去那里“溜达”，并顺手牵羊拿走有用的文件。母亲与那里的工友混得挺熟。一个工友说，沈小姐不嫌弃我们浑身油墨干粗活的，看得起我们。另一工友说，沈小姐还把娃儿的小衣裤给我们家娃儿了，真是好人。有一次，一个工友知道母亲整理讲话稿需要某张废弃件，主动递给她说：“省得你抄了！”

后来我领悟，父母是中共秘密情报员，不是孤胆英雄、独行侠，他们始终是“鱼儿离不开水”，身边离不开这些“干妈”、“孙妈”、工友们。正是因为得到群众的掩护和帮助，他们才能潜伏生存，奋勇前行。

重庆雨多，大轰炸之后往往会下大雨，那真是“屋漏偏逢连夜雨”。我们家所在的三楼首当其冲，屋顶屡遭弹片击中，大洞小洞千疮百孔，根本无法修补，也没法住人了。但凡下雨，三楼下大雨，二楼下中雨，一楼下小雨。雨天时，我们家总在地上摆着盆盆罐罐接雨水，被褥衣物全湿透了。夜里躲在床上靠墙的角落，父亲一手撑着油纸伞，一手抱着母亲，母亲怀里抱着我，迷迷糊糊、半睡半醒等天亮，经常如此。

在一个大轰炸后的雨夜，没睡着的父亲吟诵了杜甫的《茅屋为秋风所破歌》，母亲接了一句：“床头屋漏无干处……，长夜沾湿何由彻”。父亲坐直了身子，一字一顿地吟出：“安得广厦千万间，大庇天下寒士俱欢颜……，何时眼前突兀见此屋，吾庐独破受冻死亦足！”

我后来问父亲：“在那个年月，你哪来的那么大的家国情怀？”父亲答：“那是祖上传下来的”。我问：“什么祖上？”他答：就是我们的老祖宗，中华民族的优秀传统。华家祖上曾将全部财产捐给家乡修建义庄。

母亲补充道：那年月苦呵，死人是常事。我们是共产党人，已经把自己的生命与中国人民绑在了一起。必要时，命也是可以捐了的！

大后方的“官场现形记”

1941 年 6 月 5 日，那是重庆大轰炸历史上最悲惨的一天，发生了惨绝人寰的大隧道惨案。那天，日机黑压压一片又一片飞来，重庆百姓对着天空骂道：“狗日的飞机又下蛋了！”“跑防空洞呀！”一股脑涌向为公众开放的几个大隧道。

父亲当时谋得国民政府资源委员会财务处职员作为掩护职业，十分了解大隧道惨案的原委：原本国民党重庆卫戍司令部和市政府，在重庆十八梯与观音台等地开凿了大隧道，准备将隧道改建为防空洞。但是卫戍司令部总是抬出“经费短缺”等理由拖延阻挠，实际经费早被他们中饱私囊了。工程时修时停，见首不见尾，以致几个隧道始终没有接通，两头是封死的，隧道里更没有什么通风设备。据说更荒唐的是，隧道大门栅栏按常理是向外开的，可这些隧道大门却是向里开的，平素大门还派有宪兵站岗并加了锁。后来轰炸时间越来越长，宪兵也跑了，大门仍加了锁，不准洞里人出来。

母亲90岁时，曾指着一幅大隧道惨案的照片给我看，真是惨不忍睹。我问："站在尸体上面戴帽子的是什么人？"母亲说，那是外国记者在拍照。我又问："为什么那么多尸首都是没穿裤子？"母亲答道：裤子从尸体上往下扒，会更容易。当时国民党中央党部的人说，从三个大隧道往外抬出闷死踩死的尸体，抬了整整一天，足有上万死难者，根本不止几百几千。抬尸首的人是重庆城防司令刘峙组织的名为"工兵营"干的，他们偷的偷、抢的抢，尸首身上的大包小包、金银细软等，全被刘峙运到他老婆家的仓库去了。抬尸队员只有抢些衣物，连裤子都扒下来抢走。母亲愤怒地说，造成大隧道惨案的罪魁祸首是草菅人命的国民党反动政府！

1941年6月5日，在日军的轮番轰炸下，重庆大隧道发生大量民众窒息的惨案。图为隧道中拖出的堆积如山的遇难者遗体

在日寇大轰炸的间隙，母亲在国民党中央训练团大礼堂还看到了蒋介石、宋美龄的另一幕。1940年冬，母亲得到机要处长指令，放下还在怀中未满周岁的我，匆匆赶去“中训团”大礼堂做速记。那天下午，蒋介石的讲话与往常不同，心不在焉、漫无边际，没有什么重要事情。母亲也无心速记，看看台下所谓“党政训练班”的高官们也无心听讲，似乎在等着什么。不一会儿，蒋介石讲完了退到休息室。母亲以为散会了正要走，机要处长却对母亲说：上峰意思，机要人员留下来陪餐。一些服务人员七手八脚把礼堂开会的长桌换成了吃饭的圆桌，小舞台充当主席台，台上一大桌，台下几小桌。一会儿又有饭馆的跑堂手拎提盒进场，端出了八大碗美味佳肴。面对这样的大鱼大肉，母亲说：“长这么大从没见过”。

忽然听得台上热闹起来，是蒋介石和夫人宋美龄出场了。宋美龄打扮得光鲜亮丽，挽着蒋介石的胳膊缓缓登场，后面跟着一个洋气十足、身着军服的年轻人。这是母亲第一次近距离看到蒋介石夫妇在大庭广众面前互称“达令”的亲密样子。机要处长告诉我母亲，那个年轻人是蒋介石的次子蒋纬国，刚从国外回重庆。母亲这才醒悟，开会做报告只是幌子，实际是摆席为蒋纬国接风，在众高官面前抬举蒋纬国。高官们则趁此机会大啖大嚼，轮番上台向在主桌端坐的蒋介石夫妇大显谄媚奉承之能事。

母亲看得直发愣，机要处长在旁提醒："快用餐吧，平时吃不着。"后来母亲对我说，那美味佳肴不要说吃，连看都没看见过，想想大轰炸下百姓的惨状，想想破屋里嗷嗷待哺的小放（我的乳名），也不知父亲有没有先回家熬点米汤喂喂小放，泪水就忍不住噙在眼中。母亲还没回过神来，又见一个京戏班子从旁门敲敲打打进场，竟然唱起了堂会。宴席喧嚣热闹的气氛，恰与母亲的悲切心情形成强烈对比。母亲说，我得强忍住泪水，敷衍着这一幕陪餐。这就是抗战时期"陪都"的"朱门酒肉臭，路有冻死骨"！

隐战者坚持奋斗

尽管无休止的大轰炸极大消耗了父母的体力和精力。但是父母说，我们作为中共隐蔽战线的战士，积蓄了更大的体力和精力，不停地为党搜集情报。从 1939 年至 1941 年，在三年无差别大轰炸下，我们获取了不少重要内幕情报，供党中央、南方局做重要决策参考。

1939 年 1 月 20 日，国民党五届五中全会开幕，会议开了十天。每天，母亲都端坐在主席台侧席担任速记工作。此时的母亲已在国民党中央党部机要处正式担任了机要速记员，国民党中央常会、中央全会都由这位不可或缺的“快手”沈琬（时名）担任速记员。每天父母去上班，父亲总会陪母亲走一段，然后对母亲说：“去吧，稳坐钓鱼台！”母亲总会回首点点头。

会议期间，母亲发现，五届五中全会的秘密文件草稿，赫然出现在机要处长的办公桌上。眼尖的母亲一眼扫过，一份是《防制异党活动办法》，一份是《关于共党问题处置办法》。据处长科长说，这都是由中统局徐恩曾副局长起草的。母亲怀着无比惊讶与愤怒的复杂心情，回家马上向父亲诉说：现在不是在“国共合作、一致抗日”的高潮中吗，怎么暗地里却“防制异党”“处置共党”？甚至还有“取消暴动与赤化”“取消苏维埃政府”“取消红军”等等，全是“取消”二字。父亲镇定地表示，应该马上向党组织报告。随即母亲伴着夜色，马上去机房街70号（当时称为“八路军新四军驻重庆通讯处”），在父亲的掩护下，向董必武和博古汇报。两位领导听闻，马上警觉起来说：安娜，你在国民党中央准备召开五届五中全会之前，能把顽固派拟将施行的“溶共”“限共”“防共”本质是“反共”的阴谋策划，预先报告了党组织，这是很重要的内幕情报。事前报告，更为得用。你要继续关注动向，一刻不能放松。

国民党五届五中全会所有出台的文件，母亲都看到了。特别是4月，国民党以“极密件”下达了《防制异党活动办法》；后在6月，又以“密令”下达了《共党问题处置办法》。如何获取这两个秘密下达的反共文件？母亲与父亲周密商议后决定，母亲从“印刷股”把废弃件带回家，父亲把文件细细剪边，对其中印得不清晰的字，一一描清，卷成纸卷儿密藏。由吴克坚和卢竞如先后来家取走，报红岩南方局，最后上报到延安党中央。

1940 年，党中央、毛主席根据国民党顽固派不断掀起的国共“磨擦与反磨擦”事件，下发了《磨擦从何而来》的小册子。小册子内容包括《共党问题处置办

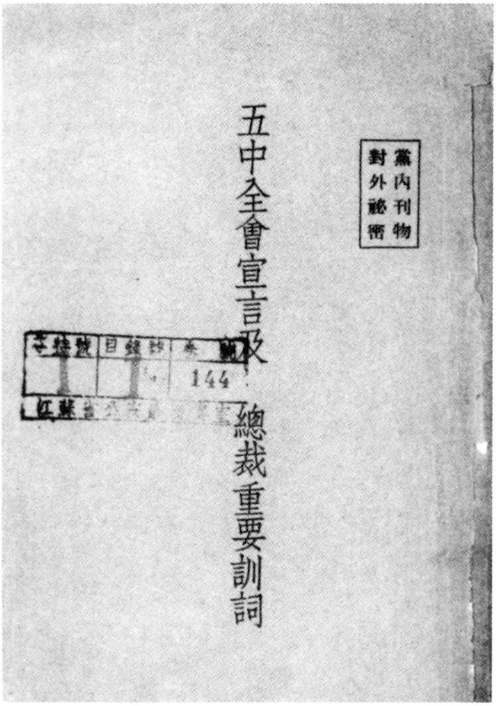

国民党五届五中全会有关文件

法》《防制异党活动办法》两个文件，以及从其他渠道获取的共六个反共文件。这些文件白纸黑字，证据确凿地揭露了国民党顽固派的挑衅妄为，明确指出国民党五届五中全会的反共图谋是国共磨擦产生的根源。为此，卢竞如代表南方局党组织表扬了沈安娜与华明之不顾个人安危，获取五届五中全会反共文件，为击退国民党顽固派的第一次反共高潮提供了关键性的情报支持。

1939 年上半年，蒋介石亲自谋划，在浮图关（重庆百姓称“糊涂关”）下选了大片平坦之地，成立了“中央训练团”，分批分期训练各级官员。蒋介石亲任团长，经常去训话、作报告。母亲常到“中训团”为蒋介石做讲话速记。时任国民党中央党部秘书长的朱家骅兼任“中训团”训育主任，也经常去作报告，母亲自然必须随从做速记。

此时的朱家骅还兼任国民党中统局局长。一次在大轰炸间隙，朱家骅要去“中训团”作关于中统局组织概况及任务的报告。朱对母亲一直信任器重，指定“沈小姐”用速记方式、参与协助他的心腹秘书草拟报告稿。在卢竞如来家接头联络时，父母汇报了此事。卢竞如认为这是极好的机会，要求父母配合协作，取得朱家骅有关中统局整体概况及任务的报告。父母立即应允。

国民党中统局局长朱家骅实际被副局长徐恩曾架空。但朱又不甘心大权旁落，非要亲自去“中训团”作中统局的大报告，以显示他的“权威”。朱命心腹秘书从徐恩曾那里软磨硬泡，拿到了一些绝密的资料。这秘书本就偷懒，就顺手把那些材料交给“沈小姐”整理，“请沈小姐偏劳”。母亲便大大方方在办公室“偏劳”，把中统局绝密资料用速记符号记录下来，下班时把速记本带回家，尽快译出来，再由父亲整编成党需要的情报材料。

沈安娜使用的速记符号

大轰炸后的重庆市里经常停电，家里只有点油灯。我叫那只灯泡为“桂花灯”，因它犹如桂花般点点小。父亲不论天气多热，都要把面向吊脚楼的小窗户严实地挂上窗帘，挡住那微弱的光，在“桂花灯”下密写，汗水常把眼镜打湿。有时我和弟弟还要“捣乱”，哭闹不停。母亲常常一边帮助父亲辨认速记符号，一边哄着我和弟弟。

卢竞如到家中，看到母亲冒险密取、父亲整编抄正的情报，十分满意，把情报密密缝在旗袍内里。父亲说刚轰炸了，送大姐一段路吧，被卢竞如坚决挡住了，她摸黑返回了红岩村。后来，卢竞如代表党组织表扬了父母。爸妈高兴地说，只要情报对党组织有用，苦点不算什么。

1941 年 10 月，母亲怀我的弟弟八个月了，又迎来了一个艰难的“大丰收”。此前，母亲从中央党部机要处得知，国民党即将召开五届九中全会，一些会议文件草稿逐渐浮出水面：其中有国民党军政部长、军事委员会参谋长何应钦的《关于对共产党问题的报告提案（草稿）》，还有中统局副局长徐恩曾的《对共产党的处理问题的提案（草稿）》《关于党务推进的根本方针》。这些文件反映了皖南事变后国民党顽固派甚嚣尘上的反共倾向，以及在内部搞“清洗”、搞“肃清内奸”等具体措施。此时，南方局指定，接替卢竞如联系领导父母情报工作的是徐仲航（南方局领导下的东北抗日救亡总会地下党党组成员）。父母向徐仲航口头报告有关国民党即将召开五届九中全会的信息，以及何应钦和徐恩曾的反共文件（草稿）的内容。徐仲航听罢，立即向南方局书记周恩来报告。

10月10日，周恩来召开有董必武、孔原、邓颖超参加的谈话会，商定对国民党五届九中全会现在应注意搜集材料。徐仲航得到指令，随即转告华、沈，细密布置了上级领导下达的获取国民党五届九中全会的情报任务。

此时，母亲已进入预产期，仍坚持挺着大肚子，上坡下坎，到国民党中央党部上班。她有意识到秘书室去“转转”，搜集资料，有一次在桌上竟然看到了何应钦与徐恩曾的文件草稿。母亲说，她顾不上与秘书们瞎扯，一目十行，瞄准文件草稿的内容，然后立即返回办公室，用自己独特的炳勋速记符号和自创的速联符号，将“要点”“核心”记录在速记本上。一天又一天，陆陆续续地偷看、默记、带回家。到家后，母亲马上伏案工作，凭着记忆和速记符号，尽量完整译出，再由父亲把内容整理抄清，藏在打通的蚊帐竹竿内，或者藏在一个可防老鼠咬的小铁皮箱底下，等着徐仲航来家取走。因为经常从床下拖出拖进，小铁皮箱底已磨出了小洞。

1942年1月9日，远在延安的中共中央情报部把南方局书记周恩来关于国民党五届九中全会的情报摘

抗战期间，华明之、沈安娜用以传递情报的小铁皮箱

要，上报党中央、毛主席。毛主席在“中情通报”上，写下了具有战略意义的批示：“九中全会表现了国民党的极大动摇性，这种动摇似要等到法西斯失败时才会起变化，那时变好变坏，当依国际国内条件来决定。”

母亲在这两个多月里，生了我弟弟，又获得了九中全会的情报，受到徐仲航代表南方局党组织的鼓励和表扬。父母说，这是一生中的“双丰收”。那一晚母亲抱着新生的弟弟，父亲抱着我，睡了一个从未有过的好觉。

回望在抗战中的经历

陈复君

陈复君，中央音乐学院教授。1927 年出生于湖北武昌。全民族抗战初期入战时儿童保育院，后入陶行知创办的育才学校音乐组学习。1944 年底赴延安，先后在延安鲁艺及延安中央管弦乐团任演奏员。新中国成立后一直从事音乐翻译工作，出版有多部音乐专业译著。1988 年离休。

1944年，离开重庆赴延安前，陈复君（左一）与大姐、二姐在丰都

2015年9月，陈复君获抗战胜利70周年纪念章留影

家庭情况

我祖籍湖北汉川，出生在湖北武昌一个中学教师家庭。我从未见过我的祖父祖母、外公外婆，甚至不知道他们的名字。我的父亲 1898 年出生，有七个兄弟和一个妹妹，为两位祖母所生。我父亲行四，名省吾，原名衡山，省吾是他到武汉考师范学校时自己改的。父亲小学毕业后被送到武汉上师范学校，在那里他接受了进步思想。母亲万庆生，1899 年生，家庭妇女，幼时跟着哥哥们在私塾里学文化，粗识文字。

父母是在汉川结的婚，婚后父亲才于师范毕业，在汉阳三中教书。父母婚后两地分居，靠书信往来，母亲的每封信父亲都批改，下封信母亲一定会将父亲改过的地方重新抄一遍。母亲有一双“解放”小脚（即裹脚后又放开的小脚），父亲坚决不让女儿们缠脚，他说：“我的女儿定要五指分开，顶天立地。”

1923 年“二七”铁路大罢工前，父亲把母亲接到汉口，后因政治原因辗转逃到河南。大罢工后，全家回到武汉安家，父亲开始了中学语文教师的生涯。1925 年，母亲在武昌生下二姐忆北，寓意是纪念北伐，姐妹中我俩的关系最为亲密。

父亲在求学时接受了进步思想，因此大哥、二哥、小叔都按照父亲的安排当了产业工人，在武汉翻砂厂、汉阳兵工厂、纺织厂等工作。父亲在学习时就积极参加学运，在思想上是亲共产党的，与武汉党的领导人如董必武等都有过接触，他也曾经想加入共产党，但终因家累过重，再加上身体原因，只能做一个党外布尔什维克为革命出力。听母亲说，她也为地下党送过信，地下党也在我们家开过秘密会。父亲和新中国成立后的武汉首任市长、后任最高法院院长的吴德峰是好友，吴德峰叔叔是我家的常客，他和戚元德阿姨亲昵地称我母亲为四嫂子，喜欢吃母亲烧的菜。吴叔叔出发去参加长征，是父亲秘密送走的。

1936 年我九岁时，父亲因肺病住进医院，我偶尔也去医院看父亲，他本来就很消瘦，躺在床上，更加显得瘦弱。父亲个子很高，躺在病床上，腿都伸不开。现在肺病不再是一种不可治愈的病，但在 20 世纪 30 年代，这简直就是不治之症。父亲在不舍之中，离我们而去。母亲身体也不好，难以抚养我们，照顾我们的责任就落到了大姐身上。

1937 年 7 月 7 日发生了卢沟桥事变，全民族抗战爆发，那时日本人离我们尚远，对我们的影响似乎不大，加上年幼，不懂世事，并未感到战祸已临头。

到了 1938 年，仗已打了一年，国民党节节败退，日本人已接近武汉。在战乱中，社会上已出现一些流浪儿童，为了收留这些无家可归或家庭已无力抚养的儿童，由国共两党联合发起成立了战时儿童保育总会。这时，大姐已经结婚，她将随她的丈夫陶光伯撤去重庆。大姐很不放心我们，但又没有能力带上我们去重庆。正在为难之时，得知成立了战时儿童保育总会，于是决定把我和二姐送到保育院去。在没有和母亲商量的情况下，大姐偷偷地把我和二姐接到了武汉，把我们送进了保育总会设在汉口的临时收容站。当时，大哥的工厂迁往重庆，小弟跟着大哥一起去了，母亲一个人留在了汉川，这在当时确是无奈之举，但给母亲的打击是可想而知的。

收容站设在汉口德国码头一所旧式建筑里。所谓收容站就是一间间的空房子，墙角堆着一堆被子，所有的孩子都是席地而眠，晚上谁抢着了被子谁就有盖的。好在那时是 9 月份，天气不凉。白天集中吃饭，每人发点馒头和咸菜。这样的生活虽然也苦，但因我和二姐已经过了一段朝不保夕的日子，在这里反而显得无忧无虑，再加上两姐妹在一起相依为命，过得倒也安心，似乎并不想母亲，也不懂得体谅母亲突然失去三个孩子会如何伤心。直到新中国成立后再见母亲，看见母亲脸上被弹片炸伤的伤疤，听她讲述如何在寺庙里度过艰难的岁月，才懂得了那些日子母亲过得是多么不容易。

在重庆保育院

在收容站并没有待多久，我们就分批登船转赴重庆。离开武汉时，大姐来送我们，给了两罐辣椒酱。由武汉到重庆是上水，即使是现在也要走三天。我们曾在宜昌停留了数天，可能是等待安排船只。就在宜昌我们听到了武汉失守的消息，被收容的湖北孩子很多，听到这个消息，大家都哭了，直到这时才感到和家人真正是天各一方了。

有一篇文章《卢作孚与宜昌大撤退》，其中记载了我们当年是如何撤离宜昌的："（1938年）10月24日上午，第一艘载满物资和人员的轮船开出宜昌。那一天，卢作孚没有忘记保卫中国同盟收留的几百名战争孤儿。他亲自将这些孩子送上第一艘离开宜昌的轮船。"卢作孚是中国近现代史上杰出的爱国实业家、民生公司的老板，这篇文章记载的就是我们乘民生的船转赴重庆的事。

到重庆后，我们先是住在一座叫万寿宫的大庙里。万寿宫仍然是一个临时转运站，叫作临时保育院，从这里再分配安置到四川各个县城的保育院。在转送到外地去之前，孩子们出于自我保护，千方百计地打听各个保育院的情况，争取自己能分到条件好一点的保育院去。

我和二姐被分到了水土坨第八保育院。它坐落在离北碚不远的对岸，也在一座大庙里。在这里生活比较安定，一面学习，一面参加一些力所能及的劳动生产。

1939年四五月，保育总会在重庆搞过一个劳动学习成果展览，我曾被派去当解说员。那时正逢日寇对重庆搞“五三”“五四”大轰炸，我曾亲眼看到轰炸后的一片惨状。我们的临时住处也被炸了，当晚不得不住到保育总会，睡在桌子上，没有被子，只得盖着大棉絮。这时大姐已在重庆安家，住在嘉陵江边的一间小房子里。第二天早上回保育院时，我顺道匆匆到大姐家去道声平安。轰炸后，大姐急得要命，她和姐夫曾到我住过的地方找我，只见一片废墟，以为我已经被炸死了，现在我突然出现在她面前，她真是喜出望外，不免大哭起来。

在保育院的短短不到一年时间内，我的身体一直不好，开始时闹胃病，常常疼得在床上打滚，后来因潮湿又长脓水疮，奇痒无比。赵院长的母亲心肠好，她用一种猪大肠煮水的偏方为我洗水疱，果然有奇效。老奶奶对我的恩情我永远不会忘记。

在保育院我们每天上早操时要唱《保育院院歌》：

我们离开了母亲，我们离开了父亲，

我们失去了土地，我们失去了老家，
我们的大敌人就是日本帝国主义和他们的军阀。
我们要打倒它，要打倒它。
打倒它，才可以回到老家，
打倒它，才可以见到父亲母亲，
打倒它，才可以建设新中华。

这首歌，既饱含伤感，又充满力量，至今同学们聚会时唱起来，仍是感慨万千。

到育才学校学音乐

1939年6月，保育院忽然来了两位年轻人，据说他们是育才学校的老师，到保育院来招生的。那时已有一些年龄较长的同学陆续离开保育院到地方中学去上学了。考试的方式很奇特，老师把所有的同学集合在操场上，让大家一起唱歌，他们在每个人面前走过，时而把某一个同学叫出队列，最后把这些被叫出的同学带进教室，再让他们一个一个地唱一首完整的歌，所谓考试就这样简单地结束了，我就是被单独考试的学生之一。不久，保育院通知我，我被育才学校录取了，与我同时录取的还有一位同学叫彭桂馨，她比我年长，与我同分配在音乐组学习。

育才学校是陶行知创办的一所私立学校，是专为穷孩子办的学校，它的特点是从入学起即开始分专业学习。全校共分音乐、戏剧、文学、绘画、自然科学和社会科学六个组，后来又增加了舞蹈组。学生的来源主要是保育生，还有极少数是共产党和知名民主人士的子弟，如后来成为共和国总理的李鹏，他是社会科学组的学生，还有杨尚昆的外孙女刘幼雪，刘晓的儿子罗坚，田汉的儿子田大畏，阳翰笙的女儿欧阳小华、儿子欧阳小修，王若飞的表侄黄晓庄，王昆仑和曹孟君的女儿王金陵，以及一些地下共产党员的子女，如武兆令、任克等，后来还招了少数当地的学生，办了普通班。

陶行知在育才学校留影

老师大多是共产党员，他们又是很知名的专家，如我们音乐组的主任有著名作曲家贺绿汀、常学镛（任虹），戏剧组的主任有戏剧家章泯、舒强、水华，文学组主任有诗人邹绿芝、艾青、陆维特、魏东明、冯兰瑞，绘画组有陈烟桥、张望，舞蹈组主任有舞蹈家戴爱莲、吴晓邦；社会科学组有程今吾、孙铭勋、廖意林、苏辛涛。主持教育行政工作的，如教导主任方舆严、帅昌书、戴伯韬、王洞若等，都是与陶校长长期合作的老共产党员，廖意林还是延安专门派来主持校内秘密党支部的，这些情况当然是日后我们才知道的。

学校里，师生关系很不一般，我们亲切地称年轻的老师为大哥大姐，称年长的老师为先生，他们对待我们也的确如父兄。在这里，我们不仅学专业知识、学文化，同时也奠定了我们的人生观、世界观。在这里我们接触了共产党人，初步认识了共产党，从而影响和决定了我们的人生走向。

有人说育才学校是教育史上的一朵奇葩，陶校长创办学校的宗旨是："引导学生团结起来做追求真理的小学生；团结起来做自觉觉人的小先生；团结起来做手脑双挥的小工人；团结起来做反抗侵略的小壮士。"许多教学的理念都是以延安的教学为蓝本，教学与当时的政治斗争紧密联系。因此国内的进步人士称我们学校为国民党统治区的"小延安"和"小解放区"。后来同学中许多人到延安及各解放区直接参加了革命，有的甚至为革命献出了自己的生命。

我是 1939 年 7 月 22 日到学校报到的。学校的校址选在四川省合川县草街子镇的一座叫作古圣寺的大庙里，这座古庙建在一个小山包上，四周环抱有松树林，后来我们为它取名“普希金林”。庙里的各进殿堂是我们各组的教室，最里面的一个大殿是我们的礼堂。宿舍在庙的后院，是一座两层的楼房，我们女生住在二楼。后来在庙外的大操场上修了一个露天舞台，那里放有一架钢琴，我们轮流在那里练琴。

位于四川合川县草街子镇古圣寺的育才学校校址

在育才虽然生活依然很苦，但我们是快乐的、幸福的。刚去的时候，我们身着从保育院带来的单衣，我穿的一条短裤是由八块布拼制而成。天气越来越凉，学校定做的制服还没有做好，老师们翻箱倒柜找出他们自己的衣服给我们穿，五颜六色，款式各异。穿在我们身上，短衣也似长衫，千姿百态。大家你看看我，我看看你，真是其乐融融，暖在心中。

我们这些完全不懂音乐是何物的孩子，居然能逐渐在钢琴上弹出动听的乐曲，教我们钢琴的启蒙老师是贺绿汀先生的夫人姜瑞芝，她给我们打下了很坚实的基础。那时我们只有三架钢琴，只有编号一号的琴比较新，二号琴相当旧了，因此轮到练一号琴时，我们特别珍惜这段练琴的时间，如果是排在早晨或午间休息后的第一个，一定是早早地坐在钢琴前，上课铃声一响，钢琴声就会立即响起，所有的同学都是如此。

学校的经济来源，一部分靠保育总会，但大部分要靠陶校长去筹募。为了喂饱我们这帮孩子，陶校长不得不把大部分精力放在去重庆找钱上。困难时，我们一天只能吃两顿稀饭，有时稀饭里有点红薯，我们就把它当干粮了。可气的是，保育总会给我们的大米中往往掺有很多碎石子，在课间休息时，我们把米倒在书桌上，仔细地把沙子和碎石挑出来，米才能入口。为了保证起码的营养，我们仿效解放区的做法，自己种菜，自己磨豆腐。我那时染上疟疾，几乎天天发冷发热，身体很虚弱。就是在那样困难的条件下，学校每天给我一个煮鸡蛋吃。我不仅长期住病房，有一段时期甚至受到特殊照顾，和管理生活的桑文澜老师住在一间屋子里。桑先生是一位残疾人，行动有些不便，她对我们特别细心，每天给我和任克发十粒花生，代替鱼肝油。她让我们每天照照镜子，哪天发现面孔红润了，一定要告诉她，于是我每天都盼望着脸蛋红起来。和我同住的还有年幼的任克，他是著名电影演员陈波儿的儿子，后来他也去了延安。

除了桑先生以外，我还得到了贺绿汀先生和他夫人姜瑞芝的特殊照顾。有一段时间，电影《渔光曲》的曲作者任光老师来到学校，他是贺先生的老朋友，每天他应约到贺先生家去吃饭，贺先生交代他，每天中午一定要带上我到他家吃饭，给我增加一点营养。其实贺先生和育才的所有老师一样，根本谈不上有什么工资，只不过是有一点微薄的生活补贴。那时他们已有两个女儿，生活负担已经不轻，可他们还要照顾我。这种恩情我永世不忘。

1940 年冬，我们学习了仅仅一年多，就应中苏友好协会的邀请到重庆去开音乐会，对苏联广播。学校为这次演出专门为我们音乐组做了漂亮的棉大衣，我现在还保存有一张那时的照片，一个个都神采奕奕。重庆的《新华日报》对此次活动作了专题报道。同年 12 月 26 日，由贺绿汀操办，在重庆抗建堂举行了我们音乐组的第一场音乐会。出席音乐会的有周恩来、叶剑英、邓颖超及冯玉祥、李德全夫妇、田汉、郭沫若和苏联塔斯社的记者，经济界、文化界 100 余人。我们演出了齐唱、二部合唱、钢琴演奏等。

1940 年末，育才学校音乐组对苏广播时留影。二排左三为陈复君

我们不仅学习专业技术，也有语文、数学等文化课。陶先生特别重视英语学习，他认为多学一种语言，就会多打开一个世界。他曾建议我们背字典，以此积累足够用的词汇。我到延安后，在鲁艺和美军观察组的联络活动中，还能充当简单的翻译，就是在育才打下的基础。

陶校长还利用他的影响力，请来不少知名专家到学校来为我们作专题讲座。翦伯赞、郭沫若等都曾到学校来举办过讲座，全校的学生都去听。学校有藏书很丰富的图书馆，在那里我读过不少世界名著，如《飘》《红与黑》等，这对培养我的文学修养有很关键的作用。

可是这种好日子的时间并不长。1941 年皖南事变之后，国民党的反动气焰嚣张起来，许多共产党员老师不得不撤离学校，我们音乐组的贺老师、姜老师、常大哥都相继离开学校，去了解放区。没有老师，有些课就按陶校长提倡的小先生制办，同学们自己教自己。比如说视唱练耳课，就由同学们轮流准备，自教自学，也能进步。我们那时也没有分什么专业，大家一起学钢琴，一起学写歌。为参加学校中秋节的演出，我们创作了《荷花舞》：“天上团团月，地上团团叶……”后来还创作了不少结合时局的歌曲，如陈贻鑫的《谷子在仓里叫》是揭露国民党贪污，穷人吃不到粮食的歌曲，黄晓庄的《你也逃，他也逃》是抨击国民党的不抵抗主义的歌曲等等，这些歌曲经我们演出后在社会上产生了一定的影响。

我们学会的既有早期的学堂乐歌，也有 30 年代黄自、赵元任的歌曲《农家乐》《花非花》《热血歌》《抗敌歌》《翠堤春晓》《海韵》，夏之秋的《歌八百壮士》，还有贺绿汀老师的歌曲《清流》《垦春泥》等，以及舒伯特的《菩提树》《小夜曲》《鳟鱼》，还有苏联歌曲《你光荣的牺牲》《囚徒之歌》《快乐的人们》《有谁知道他》等等。当然，抗战时期的抗战歌曲，更是我们音乐会曲目中的重点节目，至今唱起这些老歌来，歌词仍然记得十分清晰。

在育才学习最大的一个特点是我们从来不会为考试和升学而苦恼。同班同学的年龄上下差距大约五岁左右，我在同学中属于中间的。我们学习得很愉快，没有压力负担，但都很自觉。就是在这样的学习条件下，培养了各行当的人才，有的同学在后来的事业中作出了很大的成绩，甚至是重要贡献。杜鸣心成为著名的作曲家、教育家，创作了许多脍炙人口的作品，曾担任中央音乐学院作曲系主任，培养了不少作曲人才。杨秉荪曾任中央乐团（现国家交响乐团）的首席小提琴手，陈贻鑫曾任中央音乐学院指挥系主任，程延庆曾任天津音乐学院附属中学的校长。育才在中央音乐学院任职的五位同学——杜鸣心、陈贻鑫、熊克炎、欧阳小华和我（长期从事音乐翻译），均获得教授（译审）职称。

我们育才学校的校歌是由陶校长作词的《手脑相长歌》：

人生两个宝，
双手与大脑，
用脑不用手，
快要被打倒，
用手不用脑，
饭也吃不饱，

手脑都会用，

才算是开天辟地的大好老。

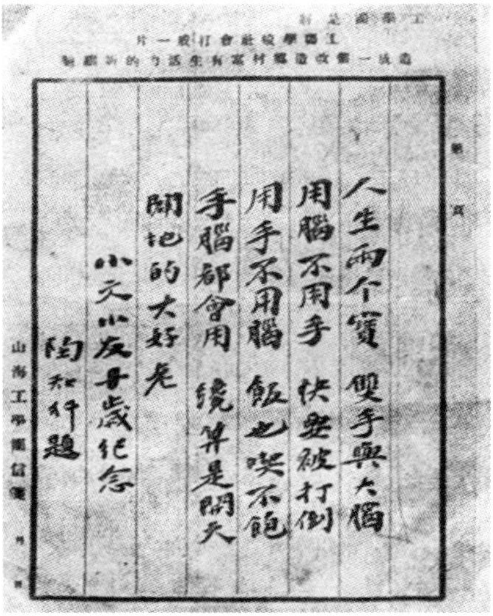

人生兩个寶 雙手與大腦
用腦不用手 快要被打倒
用手不用腦 飯也喫不飽
手腦都會用 纔算是開天
闢地的大好老
小文小友[illegible]歲纪念
陶知行題

山海工學團信箋

陶行知手迹

学校遵循校歌的校训，培养我们的自理能力，所有生活上的事都由我们自理。那时年纪虽小，但洗衣洗被都由自己干。被套太大，我们就把被子放在木盆中用脚踩，洗完后两个同学一人握住被子一头拧干。我们食用的大米也是由我们自己从江边运到学校的，江边到学校有五里的上山路，我们把它分成五段，全校师生分成五个组，接力运到学校。我当时因为身体不好，不参加运粮，就给大家送水。劳动对我们来说是一件很愉快的事。

我们在庙旁的空地上种菜，也有不少的收获。我们轮流帮厨，自己磨豆浆、做豆腐。总之，学习解放区的办法，自己动手，虽然达不到丰衣足食，但也不无小补。

学校还让我们参加一些社会活动，到附近的农村搞社会调查，了解农民的生活状况。在校内强调和工人交朋友，每一个学生和一位工友结成对子，为他们扫盲，教他们识字。

为了解决教师的欠缺，我们音乐组不得不利用冬季重庆雾多，日本飞机不能来轰炸的时机，短时间到重庆去就近找老师上课。我们曾住在歇台子的一座庙里，那里离国民党的音乐干部训练班很近，我们就近求学，学习比较有保障。在重庆没有足够的钢琴供我们练习，陶校长就利用他的社会关系，派我们到一些有钢琴的有钱人家里去练琴。

我们在歇台子的住处离冯玉祥将军家不远，偶有日本飞机来，我们就到他的防空洞去躲飞机。有时他还会招待我们到他家去玩，请我们吃煮花生。

在一次音乐会后，冯玉祥将军请我们音乐组的同学吃饭，吃的是我们很难吃到的北方饭——猪肉炖粉条和大馒头。我们很少有机会吃大肉，特别是肥肉。有一位同学吃不了肥肉把它放在桌子上，被冯将军看见了，冯将军立刻把自己的儿子叫过来，让他把肥肉从桌上捡起来吃了。陶校长知道此事后，在全校学生面前，把我们音乐组狠狠地批评了一通，从此我们懂得再也不能浪费了。

1943年，为了学习更有保障，我们音乐组搬到了重庆江北的观音桥镇。选择这个地方是因为中华交响乐团就在这个镇上，教授我们小提琴的黎国荃老师是这个乐团的首席，我们住在这里便于就近学习。

我们住的这个地方原是皮革厂的一个硝皮作坊，在一条山坳的小河沟旁。所谓作坊也就是两间用芦草竹子编成的敞棚，四面没有墙。学校请人用竹子编成篱笆，再在篱笆上糊上泥，这就有了墙，变成了屋子，我们就在这两间屋里生活和学习。棚子旁边的半山坡上有三间小屋，其中两间是女生宿舍。黎国荃先生全家也搬来和我们同住，就住在我们近旁的另一间屋子里。从此我们几乎所有的学生都同时起步向黎先生学小提琴，钢琴继续由范继森老师来教授。

我们的演出活动相当活跃，有时是为了给学校筹募生活费，定时为那些捐助我们的人士义演。有时也举行公开的音乐会，曲目除古典作品及宣传抗战的作品外，也有由我们自己创作的与时局紧密相关的歌曲，如黄晓庄的《你也逃，他也逃》、杜鸣心的《山歌不唱忘记多》、陈贻鑫的《谷子在仓里叫》等等。社会各界许多知名人士都出席过我们的音乐会，周恩来在出席一次音乐会后为我们题词：“为新中国培育出一群新的音乐人才”，邓颖超的题词是：“以歌声唤起大众”，叶剑英的题词是：“为世界而工作，为工作而学习”。

每次过江演出，为了安全，陶校长不让我们同坐一只船，必须分拨坐。因为那时渡江的船很小，常出事故。每次演出之后，学校都要犒劳我们，请我们吃碗面条，在学校那样困难的条件下，这是对我们最好的奖励。

陶校长很重视我们的文化生活，善于用文艺作品寓教于乐。陶校长曾指明，我们全校师生从古圣寺到重庆去看叙述莫扎特生平的话剧《安魂曲》中，莫扎特是由剧作家曹禺先生扮演的，而在幕后弹钢琴的正是我们的钢琴老师范继森先生。陶校长不惜花大力气让我们看这部戏，其目的就是告诉我们，要像莫扎特那样，不论条件多么艰苦，都要克服一切困难，好好学习本领。

自李凌老师主持我们音乐组的工作后，我们的学习生活都正常起来。李凌是延安派到重庆来开展新音乐运动的，他的到来使我们与社会的接触多起来，眼界也更开阔些了。在这里我们有更多的机会了解解放区的情况，《新华日报》的邮递员偷偷给我们送来解放区出版的书，那时我们就读过毛主席《在延安文艺座谈会上的讲话》《新民主主义论》等，大家更心向延安了。

我们育才的学生大都没有家，一年365天，一天24小时，大家都学习生活在一起，情同手足。在音乐组搬到观音桥后，我和黄晓庄开始了交往。那时我们都只有十五六岁，其实是很懵懂的。晓庄是王若飞的表侄，若飞同志是他亲姑婆的儿子，从小在舅舅黄齐生身边长大。晓庄不是保育生，来学校比较晚。进校前，他曾在青木关音乐学院学习。由于他曾于 1938 年随叔祖父黄齐生去过延安，由于这种政治原因，音乐学院以“生活散漫”为由将他劝退，于是他来到祖父的好友陶行知创办的育才学校来学习。他入学时已有些音乐专业基础，能够作曲，琴也比我们弹得好，后来还学了大提琴。在学习期间他写了不少歌曲，在我们的音乐会上，几乎每次都有他的新作问世。

奔赴延安

1944 年，晓庄的表伯王若飞来到重庆参加国共谈判，晓庄向表伯提出去延安的要求，我向晓庄表示，我想和他一起去，他报告了表伯，没想到很快就得到了应允，让我们等待时机。

年底，我们得到正式通知，到八路军驻重庆办事处集合，准备赴延安。临行前，我必须履行离校手续，由我姐姐签字把我领出去，给学校一个正式交代。可我的姐姐远在丰都，已来不及办此事。于是我用姐姐的名义写封领我离校的申请书，并去刻一枚姐姐的名章，盖在申请书上，然后再把信的抄件和印章寄给我姐姐，用这个办法，把自己合法地领出了学校。

1944年，离开重庆赴延安前，陈复君（左一）与大姐、二姐在丰都

我和晓庄恋恋不舍地离开了朝夕相处了整整五年的师长和学友，随同他的爷爷黄齐生和台太（贵州人对奶奶的称呼）王守瑜一起住进了八路军驻重庆办事处，从此踏上了革命的征程。

重庆办事处坐落在重庆郊区的红岩村，我们到时，已经有不少同志先于我们到达这里。在这里等待出发的有不少领导人的亲属，如罗瑞卿的女儿罗玉华、他夫人郝治平的弟弟、刘伯承的侄女刘佥泰、姚尔觉的女儿苏红等，同行的还有周恩来的副官袁超俊的爱人钟可玉

（在路上她改名阿叶），以及一些被迫撤退的地下党员、办事处的工作人员。

为了应付国民党的刁难，我们以领导人亲属身份编成小组，有朱德小组、王若飞小组、林伯渠小组等等，我们王若飞小组就有地下党的同志。那时去解放区要办护照，为了隐蔽的需要，除了爷爷、台太外，我们都改了名字。爷爷为我改名为陈叔若，若字取自若飞同志的名字，叔字取自爷爷的学生刘叔华的名字，他们两位为我的成行，给予了重大帮助，爷爷以此名让我永远铭记他们。

启程之前，我们特别学习了出行途中应遵守的纪律及注意事项。同时，每个人都要记住根据新的身份编的借口，谨防过关时的盘查。根据以往的经验，我们不允许带任何书籍文本，否则在过关卡时，国民党会故意刁难，一页页地检查，拖延过关时间，为此我和晓庄在育才时的所有文字全都留在了学校。我们随身带的毛线也不能缠成线团，过关时他们会把线团慢慢打开，也会拖延时间。我们按照要求一一做好准备。

过完新年，我们分乘车辆出发。爷爷、台太和摄影师陈默的孕妇妻子坐小车，我们按组分坐卡车，司机都是从延安派来专门接我们的同志。有意思的是，我们这辆车的司机吉师傅，正好是我们到延安后的住地——延安交际处的司机。卡车没有座位，大家都坐在行李上。

司机摆放行李很有学问，既能放下脚，又能背靠背，互相依靠，不致疲劳。行前发了统一的服装，我们霎时间就变成“公家人”，心里真是美滋滋的。三姑为我们准备的新大衣交了公，正好为办事处的同志外出工作所用。

从重庆到延安走了半个月，虽然是严冬，坐的还是敞篷卡车，但年轻，并未感到寒冷。我们从重庆的近郊青木关出境，果然不出所料，过关的检查特别烦琐，检察员极尽挑剔之能事，竟然丧心病狂地用铁棍去捅办事处的同志为毛主席精心挑选的柑橘，声称要查看里面是否带有违禁物。

出了青木关再过剑阁关，出了四川进入陕西境内，经宝鸡、汉中，绕过西安，直接从咸阳过去，再奔洛川。在四川境内还能见到绿树青山，越往北走，山川逐渐变成一片黄色。五辆车紧随着行进，若有一辆车稍有落后，其他的车必须等候，一路倒也平安无事。行程中，朝出晚宿，严禁个人自由外出。

终于到了洛川，这是国民党统治区和解放区两区的边境口岸，又是一番刁难盘查，我们终于进入了解放区，立刻感到仿佛来到了天堂。见到八路军战士，我们年轻人高兴地抱着他们又跳又叫，把随身带的可用的日用品都送给他们，兴奋之情难以言表。车到延安已是夜晚，看到山上层层灯火，还以为到处是高楼大厦，是一座现代城市呢！第二天早上一看，四周都是光秃秃的黄土山，原来灯光发自层层叠叠的窑洞，真觉得太不可思议了。

在延安的学习生活

初到延安，晓庄和我随爷爷、台太住在延安交际处，由金城处长接待我们，他与爷爷及晓庄 1938 年已经有过交往，算得上是老熟人了。

到延安不久就是春节。延安过年很热闹，人们都到大街上扭秧歌，放鞭炮，元宵节时还有各种灯笼挂满街头，这一切在重庆都没有过，真是一番欣欣向荣的景象。

通常情况下，到达延安后会安排一段政治学习，以了解适应新的环境。许多先期投奔延安的同志，都是先到抗大，或马列学院，或女子大学等进行短期学习，然后再分配工作，但我和晓庄没有被这样安排，而是直接等待分配工作。

在延安，我们每个周末去交际处看望爷爷、台太。交际处是一个接待外来宾客的单位，在这儿生活的有我党的朋友，如晋察冀边区参议院议长的家属于老太太、她的大儿媳于文兰（大儿子已经牺牲，后来于文兰嫁给了柯庆施）；有林彪的父亲、姐姐、弟弟；有外国友人，如英国的林迈可、他的中国夫人李效黎，这些朋友解放后和我们都有联系。还有国民党常驻延安的联络参谋、后来驾机起义的刘善本也曾住在这里。毛主席的儿子毛岸英从苏联回到延安之后，也为适应延安的环境而在交际处住过一段时间。“四八”（1946 年 4 月 8 日，黑茶山空难）爷爷、晓庄遇难之后，毛岸英曾代表毛主席来看望台太。在被派到边区劳动英雄家去锻炼时，毛岸英曾专门来交际处向台太告别。他扛着一袋粮食，毛主席命令他必须自己扛着口粮去锻炼。

爷爷黄齐生本身是贵州知名的教育家，他所创办的达德学校为共产党培养了不少人才。爷爷的到来受到表伯许多战友的欢迎，毛主席亲自到交际处来看望他，宴请他。在宴会上，毛主席问我和晓庄曾在哪里念书，我们说是陶行知创办的育才学校。我对毛主席说，我们学校创办了好几年，却始终得不到国民党的承认。毛主席说：“这没有关系呀，我们共产党不是也没得到他们的承认吗？只要人民承认就行！”

4 月，我到了党校三部。党校三部是文化人汇聚的地方，正在筹建文工室，很需要人，到文工室工作一事我也征得了正在延安联政宣传队工作的贺绿汀老师的同意。文工室由刘芝明（解放后任文化部副部长）领导，那里有许多知名的作家和艺术家，除已认识的塞克、金紫光外，还有萧军、罗烽、白朗、周戈、陈振球等。我

1945年，在延安飞机场送王若飞陪毛泽东去重庆与蒋介石谈判留影。自左至右：刘佥泰（刘伯承侄女），黄齐生夫人王守瑜，陈复君、黄齐生（王若飞舅父），黄晓芬（黄齐生孙女），王若飞，黄晓庄（黄齐生孙子），李培芝（王若飞夫人）；前面孩子是王兴（王若飞之子）

和金紫光的女友谌曼丽同住一个窑洞，因父辈的交情，曼丽是周恩来副主席的干女儿。初去时同窑洞的还有朱明大姐，不久她与林伯渠同志结婚搬走了。

在三部待了几个月，我们开始尝试过延安干部的生活：学习政治，开荒生产，每个人自找空地种15棵南瓜，这是为防旱备荒每个人都必须完成的任务。我和晓庄一起上山开荒，大哥哥大姐姐们就笑我们是“兄妹开荒”，哼唱起秧歌剧《兄妹开荒》中的“哥哥在前面开荒地，妹妹打土多卖力……”延安的着装都是统一发放，但我们女生也可以领布料自己缝制，我就跟着大姐姐们学做衣服，生活过得倒很开心。

7月，我被分配到鲁艺文工团，拉小提琴，唱歌，同时也跟着张贞黻老师上小提琴课。张老师是一位大提琴家，他不会拉小提琴，为我示范时只得把小提琴竖在大腿上拉，很是有趣。

延安鲁迅文学艺术学院设在教堂里。在鲁艺，我和李波、蓝村大姐同住一个石窑洞。李波就是与王大化首演秧歌剧《兄妹开荒》的演员，是一位值得尊敬的老大姐，随后的几十年我和她都有密切的联系。我所在的文工团中不少人后来都成为很有名的音乐家、作曲家、歌唱家，如刘炽、陈紫、杜矢甲、徐徐、丁炬、刘铁山、李刚、郝如惠等。在鲁艺，我的年龄比他们都小，参加革命的时间也晚，人们都直呼我“复君”，很少有人连名带姓地叫我，他们常常把“君”字拖得很长。

我们到鲁艺时歌剧《白毛女》已经上演，没能赶上参加《白毛女》的演出。我们经常的工作有参加延安广播电台的对外广播，电台没有今天宽敞的播音室，我们就在窑洞外的空场上对着话筒表演。几乎每个周末我们都要到杨家岭、王家坪或枣园去为舞会伴奏，有时也会去交际处。在延安实在是没有什么更多的娱乐活动，因此舞会比较多，舞会这种娱乐形式据说还是美国记者史沫特莱带来的。在舞会上可以经常见到毛泽东、刘少奇、朱德等中央领导同志。有一次，朱总司令自告奋勇由他打扬琴为大家伴奏，让我们乐队休息休息也去跳跳舞。那时我留着两根细细的小辫，在延安留小辫的人不多，这引起了毛主席的女儿李讷的兴趣，毛主席带她来到我的面前，她摸摸我的小辫，感到很新奇。每次舞会结束后，总会招待我们吃宵夜，大多是面条。吃碗白面面条，在延安是很奢侈的事。

到鲁艺仅仅一个多月，日本就投降了，艰苦卓绝的抗日战争终于胜利地结束了，这真是让人喜出望外。全延安都沸腾了，鲁艺也沸腾了，生活又进入一个新的阶段。

我的抗战记忆

陈漱渝

陈漱渝，1941 年出生于重庆。1957 年考入南开大学汉语语言文学专业。1962 年毕业，分配到北京西城第八女子中学现名鲁迅中学任语文教师。1976 年，调入北京鲁迅博物馆鲁迅研究室。曾任第九、十届全国政协委员，鲁迅博物馆副馆长兼鲁迅研究室主任。

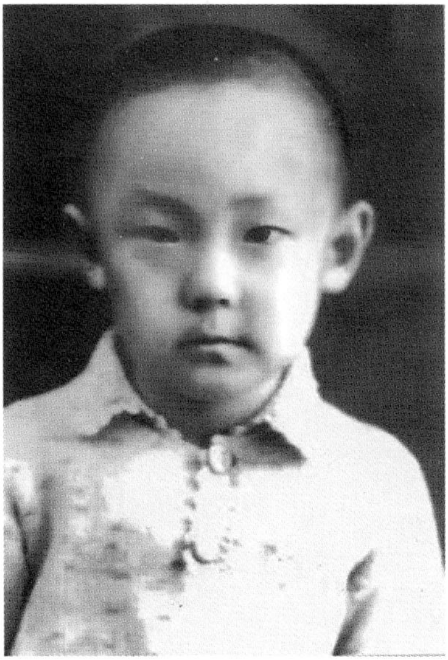

陈漱渝儿时照

陈漱渝近照

我今年84岁。相对于我的前辈而言，用“抗战记忆”显得有些夸张。因为我生于太平洋战争爆发的1941年，1945年8月15日日本就以天皇诏书的形式向全世界无条件投降了。记忆是人脑对客观事物信息进行的储存和提取。一般说来，人从3至6岁才能形成记忆，但我确实留下了一些儿时的瞬间记忆；后来长辈又将他们的历史记忆讲述给我听，于是就形成了我的“抗战记忆”。

我的祖籍是湖南长沙，出生地是重庆歌乐山的中央产院。长沙和重庆，都是在中国抗战史上不能忘却的城市。1938年11月12日至13日凌晨，蒋介石曾密电湖南当局，以“焦土抗战”为名火烧长沙，史称“文夕大火”。“文”是当日电报代日韵目，“夕”即夜间之意。长沙顿时一片火海，全城5万余栋房屋被烧，两万余人被活活烧死。1939年至1942年，中国军民进行了三次著名的“长沙大会战”，歼灭日本侵略者11万余人，直到1944年6月19日才被日军攻陷。抗战期间的长沙是一座英雄的城市，也是一座悲壮的城市。

我之所以出生在重庆，是因为生父在重庆农民银行工作，1937年11月，当时的政府机构迁往重庆，1940年9月6日正式将重庆命名为“陪都”，即“辅都”或“副都”。因此，重庆长期成为日本飞机进行疲劳轰炸的目标，其中既有蒋介石的曾家岩官邸、国民政府大礼堂、英国大使住宅，更有广大的平民区。我刚出生的当年7月30日、8月10日、8月11日、8月22日、8月23日、8月30日、8月31日……都有大量日机对重庆进行狂轰滥炸。我出生前一月6月5日，重庆更是发生了校场口隧道惨案，死伤千余人，死尸堆积如山，成了可以跟“文夕大火”并提的另一惨案。

重庆实在待不下去了，母亲只好带着刚满两个月、骨瘦如柴的我从重庆逃难到凤凰。从山城重庆逃到古称“五溪蛮地”的湘西，需要翻崇山、渡恶水，以当时的交通条件，母亲经受的苦难可想而知。姨妈告诉我，妈妈带我见到外祖父时，她满脸尘垢，衣衫褴褛，除了怀抱着一个体重不足6斤的娃娃之外，身上别无他物。更倒霉的是，我妈中学上的是教会学校，听牧师说战争期间会保护教堂，便建议外祖父把家中的一些财物寄放在一个县城的天主教堂。不料，日本轰炸机并不敬畏“上帝”，那座小教堂被炸，夷为平地，外祖父寄存的那点财物也灰飞烟灭，只

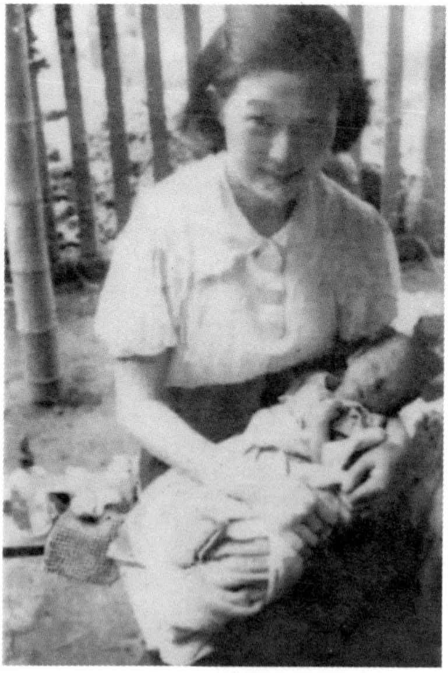
陈漱渝母亲怀抱陈漱渝

好靠朋友救助为生。

更可怕的是，长沙沦陷之前，有一次外祖母带我回长沙取点衣物，但返回凤凰的途中遇到了“清乡”的日本兵，外祖母带我躲在一个石桥的桥墩下面，叮嘱我千万不能出声。如今耳边还似乎响起那队日本兵军靴的铁蹄声。他们过桥后，看到一处小茶摊，有几位路人在喝茶，端起机枪就扫射。这确实是我此生最早的“瞬间记忆”。后来，外祖母夸我听话，说万一我哭喊出声，那我们祖孙就会丢下性命了。

因为母亲当年在凤凰难童教养院当教师，所以4岁的我就进了教室，坐在后排一角，我能记得的是，当年棉衣上有虱子，上课时尿过裤子，被妈妈揍过几次。像我儿时的这种经历，只是中国亿万普通民众中的一例。

我童年时期还有一件难忘的事情。1947年，上海昆仑影业公司摄制了一部影片《一江春水向东流》，蔡楚生、郑君里导演，白杨、陶金、舒绣文、上官云珠等主演，分为《八年离乱》与《天亮前后》上下两部。新中国成立后，又于1956年重演，由7个小时剪辑为3个小时。我记不清母亲带我看过多少次，影片表现的是抗日战争时期广大民众悲欢离合的生活。每次上映时，放映厅都会哭成一片，因为影片唤起了广大观众的抗战记忆，正是因为这种记忆，我后来听到《怒吼吧！

黄河》这首歌时，有两句歌词顿时就会让我热泪盈眶：“五千年的民族，苦难真不少！铁蹄下的民众，苦痛受不了！”

我真正跟日本人面对面地接触，是在抗战胜利之后。那时我们家从凤凰搬回长沙。当年长沙城区不大，“南门到北门，七里零三分”。我常在街上看到一群群日本战俘在修马路，一个个也长得像普通农民一样，后来被分批遣返回日本。如果没有被军国主义教育煽动，他们在侵华战争期间可能也不会丧尽天良、泯灭人性。

最难忘的是在改革开放后的新时期，我从1986年到2001年，有6次赴日本进行学术交流的机会，结交了不少日本鲁迅研究界的朋友，也接触了一些日本侵华战争时期的老兵。1986年7月7日，正是七七事变发生49周年，我们鲁迅博物馆一行在日本仙台访问，晚上仙台各界人士为我们举办了欢迎仪式。日中友协仙台支部的代表发言，有一位满头银发的日本女士说：“我1921年出生在中国，很想跟中国人交朋友。但日本发动侵华战争之后，我们似乎跟中国人之间产生了一道厚障壁。1953年，我回到日本，一直为日中不再战而贡献力量。”一位叫村桥实的老人沉痛地说：“我参加过侵华战争，深刻反省自己的过去。我今天要为日中不再战而奋斗。”

《旧唐书·魏徵传》有言：“夫以铜为镜，可以正衣冠；以古为镜，可以知兴替；以人为镜，可以明得失。”我们珍视中日两国的传统友谊，但只有“以史为鉴”，这种友谊才能建立在稳固的基石之上，并不断深化延续！这就是我在抗战胜利 80 周年之际的一点随想。

我在延安的童年岁月

吴持生

吴持生，吴德峰之女。1939 年出生于陕西西安。同年，随父母赴延安。1940 年，进入中央托儿所。1958 年 9 月，进入北京化工学院就读合成橡胶专业。1963 年 9 月，在化工部橡胶司等单位工作，此后一直从事化工材料研究工作。

邓颖超在八路军办事处怀抱吴持生（右）、伍绍祖合影

吴持生近照

我的父亲吴德峰、母亲戚元德都是大革命时期参加革命的老共产党员和老红军，长期从事党的隐蔽战线工作。父母共生我们兄妹九人，我排行老八。除九弟六岁夭折外，其他七个哥姐均因战争年代环境残酷，不能带在身边，从小被寄养在外，我二姐、三姐和四哥分别送人当了童养媳、养子。我有幸一直跟在父母身边长大，经历了抗日战争、解放战争。我的童年在父母和他们的战友、解放区乡亲们的呵护抚育下度过。童年在延安的很多事，我都印刻在脑海里。

随父母往返西安、延安

西安事变发生后，时任中央外交部对外联络局局长的父亲吴德峰，即随周恩来同机先抵达西安。因飞机小坐不下太多人，母亲随后同周恩来的副官乘大卡车抵达西安。当时局面混乱，周恩来指示我父亲留在西安，组织领导秘密情报工作，受他直接垂直领导。周恩来再三强调西安情报工作的重要性，指出西安是守护陕甘宁边区、中央所在地延安的门户，也是防范敌人进攻的前哨，是开展斗争工作最前沿，是插入敌人心脏的尖刀。我们情报的及时准确与否，关系到党中央和边区人民的安危，关系到战争胜负。

1939年初春，我出生于陕西省西安市。我出生那天，日本飞机正轰炸西安。母亲刚进产房，空袭警报就响了，医生护士们都忙着转移病人，不时传来敌机的轰鸣声和扫射声。当时，产房里只有一个德国女医生和一个助产士守候着母亲。这位女医生是德国共产党员。时间一分一秒地过去，母亲越急越生不出来，大夫听胎心有些异常，决定用产钳把我拖出来。拖出来时我已浑身青紫，毫无声息，母亲以为我已经憋死了。女医生将我倒提着紧贴着她身体，在背臀部轻轻地拍打了几下，我终于"哇"地哭出声来。1965年，母亲在全国总工会任女工部长时，恰逢那位德国女医生来中国访问，母亲还接待了她。回忆往事，女医生很想见见我，不巧那时我正在湖北荆襄的矿上搞"四清"，很遗憾无缘再见。

因我出生时正逢持久战的相持阶段，所以取名"持生"。母亲讲，她在西安搞情报工作时，常借助幼小的我帮他们藏匿文件，传递情报，掩护身份，完成秘密工作任务。

1939年夏秋，父母带着我从西安到延安，一路安然无阻。他们向中央汇报工作的那天，正逢邓小平和卓琳，孔原和许明结婚。那天汇报完工作，邓颖超妈妈约我父母一起参加两对战友的婚礼，父母抱着我同去。因我头上戴着一顶母亲用白纱布做的揪揪帽，邓妈妈开玩笑说："元德怎么搞的，让持生戴顶白帽子来参加婚礼，来沾点新娘子的喜气给持生讨个吉利！"顺手将新娘许明身上佩戴的一枚塑刻红牡丹摘下来，别在我帽子上。我将这枚红牡丹作为纪念品，一直保存至今。

邓颖超在八路军办事处怀抱吴持生（右）、伍绍祖合影

1940年夏，母亲接到上级指示，带着我乘坐一辆敞篷大卡车从西安撤回延安。一路阴雨，道路泥泞难走。我正在出麻疹，发烧昏睡。为了挡风遮雨，母亲顶着一块大油布，把我紧紧抱在怀里。她晕车厉害，手里拿个大洋瓷缸一直呕吐不停。奇怪的是，我一到延安烧也退了，麻疹也出干净了，就是长大后留下了眼睛见风流泪的毛病。

许明结婚时佩戴的塑刻红牡丹

1940 年，党中央决定进一步加强国内外交通联络工作，再度成立统一领导全国秘密交通的机构，指令父亲吴德峰再度组建中共中央交通局，并任局长，机关对外保密，公开名称为“中共中央农村工作委员会”（简称“中央农委”）。机关驻地开始在延安枣园旁边的侯家沟后沟，后来搬到杨家岭后沟，并先后由时任中央政治局常委的周恩来、任弼时垂直领导。在山上，交通局设有当时在全延安电机功率最大的电台，能与苏联、共产国际等直接联络。

在中央托儿所

1940 年初夏，父母因工作忙无暇照顾我，把我送进了中央托儿所。1942 年，为支援中国人民反法西斯战争，经宋庆龄同志努力，美国洛杉矶市的友好人士和爱国华侨为中国战时儿童募捐了大批物资和资金，中央托儿所因此更名为洛杉矶托儿所。

抗战时期，国民党顽固派始终对边区实行包围、经济封锁，时而停止供给八路军军粮、军饷，当时延安的生活异常艰苦，经常吃的是小米等粗粮，很少见到白面馍。记得小时候有一句顺口溜："调皮捣蛋，送到兵站，兵站不要，送到瓦窑堡掏炭，一天给你两顿小米子干饭，看你还捣蛋不捣蛋！"

当时延安每个孩子的生活费用，按一个普通战士每月发 30 斤小米的标准供给。因幼儿吃得少，为改善孩子们的饮食，供给部门专门给保育院配给了一些细粮面粉，阿姨经常做成面糊糊喂给较小的孩子吃。幼儿站在小床上，整齐地靠着栏杆排成一排，等着阿姨喂糊糊。阿姨端着一大碗面糊糊，一勺一勺地从头喂到尾。喂前面的孩子，后面的孩子伸着脖子，张着嘴，眼睛盯着大碗和勺子转；同样，喂到后面的孩子，前面的孩子也是如此情景。阿姨喂到哪个孩子跟前，那孩子就迫不及待地一口抢上去吞下肚。不知是面糊没煮熟，还是卫生条件差，很多孩子开始拉肚子。那时母亲上党校、父亲工作忙无暇顾及我，直到后来我又吐又拉、严重脱水，高烧 40 度被送进中央医院抢救时，父亲接到院长傅连暲打去的电话，才和母亲赶到医院。后来父母常对我讲，当时在延安药物短缺、医疗条件极差的情况下，要不是傅连暲等医护人员全力抢救，我早就一命呜呼了。

1941 年，傅连暲右手抱李敏，后排站的阿姨右手抱着的为吴持生

我出院后很长一段时间还是消化不良，父母不得不把我接回家。当时母亲在党校学习任二部支部书记，她为了不耽误学习和工作，经常骑马从党校请假晚上回家帮我洗涮衣物，第二天一大早又赶回党校。帅孟奇养病时还专门照顾过我一段时间，因此我从小也称她为“妈妈”。父亲因家传通晓一些中医，自配了些中草药，用鸡内金等配合小米稀饭、烤馒头干等食疗办法，治愈了我的肠胃病。

父母工作忙，每月最多从托儿所接我回家一两次，而且多是由父母的战友、正在上学的勤务员肖佛先叔叔回机关时顺路接送我。小时候我很馋，最爱吃的就是馍馍，每次回家路过一个卖黑面馍（用没有去麸子的面做成的馒头）的饭棚，我都闹着不肯走，伸手要黑面馍吃。肖叔叔心疼我，用自己仅有的一点津贴给我买馍吃。一次钱不够了，正好碰见机关司务长买菜，肖叔叔便向他讨了点买菜剩下的尾子钱给我买了个馍。回去这事被父亲知道了，他狠狠地批评了肖叔叔和司务长，说他们惯孩子、没原则，私自违纪花了公家的钱，并当即从自己的津贴中把钱还上。在父母的言传身教下，我从小懂得不能乱花钱占公家便宜，更不允许随便动用公家的钱！

肖佛先抱吴持生照

记忆中的大生产运动

有一段时间机关粮食很紧张，连小米都快吃不上了。机关号召大家上山摘树叶、挖苦苦菜，把仅存的一点麸子面或小米和野菜掺在一起煮成菜糊糊吃。为了补充粮食，我四五岁时就随大人上山挖过野菜。

中央号召军队、机关干部、战士生产自救，掀起了全边区大生产运动，父亲、母亲和农委的叔叔阿姨们都积极参加了大生产运动，有的开荒种粮、种枣树、种菜、养鸡、养羊，有的纺线织布、制衣，还有的打窑洞、烧木炭、抓运输（用骡马为部队、机关、学校、群众驮盐、粮食和木炭等）……每个人都承担了上交任务指标。

父亲为完成上交任务指标，亲自在屋前、坡地种了西红柿、辣椒、洋姜（俗称鬼子姜）、螺丝转（也叫宝塔菜、地环儿）。1944 年夏天的一个中午，我被父亲打了一顿。事情原委是几天前从敌占区回来的两位叔叔阿姨到农委向父亲汇报工作，阿姨穿着旗袍、烫着发，脸上抹着胭脂口红，我感到新奇想效仿。我发现菜园里西红柿和辣椒的红很像胭脂和口红，中午趁大人都上班去了，把弟弟（曙生）叫起来，溜进菜园子摘了不少西红柿和红辣椒，试着往脸上涂，往嘴唇上抹，结果弄得满手、满脸都辣哄哄的，加上中午的太阳毒，晒得汗流浃背，再用手一抓，浑身都热辣辣的，痛苦不堪。弟弟在地上打着滚，又哭又闹，拉都拉不起来，正好被从外面回来的张志玲叔叔（父亲的勤务员）看到，他把父亲找来。父亲回来一看满园狼藉，再看我们姐弟俩红肿的脸、脖子和胳膊，叫人打了两盆温水帮我们洗敷，除辣止痛。处理完毕，父亲叫我趴在他的腿上，我还没有反应过来父亲要干什么，就觉得屁股上重重地挨了两巴掌。我知道错了，没敢哭，哽咽着说再也不敢了。

大生产运动时，吴持生和弟弟曙生在菜园里

在大生产中，母亲用自己的手工专长绣花，做枕套、床帏、桌布等绣品，并用手陀螺将羊毛、驼毛捻成绒线，织毛衣、毛裤。我从小就爱模仿大人做事，母亲刚放下绣花绷子，我就去动绣花针；母亲刚放下捻线陀，我就去动陀螺……母亲无奈，干脆给我做了个小绣花绷子、四根竹针和捻线陀螺，我全神贯注，一坐就是半天。这不但省去了母亲的大麻烦，而且使我长大后既手巧，又能吃苦耐劳，钩织、绣花、裁剪、缝衣、纳底做鞋、上袜底、织补等针线活都能拿得起来。大生产时，农委从西安弄来了几台纺纱的木质纺车纺棉线，父母警告我绝对不许动。我常蹲在纺车旁看着叔叔阿姨们纺棉花，有时学着帮他们用筷子卷棉卷，偶尔他们也会让我动动纺车过过瘾。我学会了如何均匀抽线和倒纺车卷收线。

大人们经常边纺棉花边唱歌，我自然而然地也跟着学会了《纺棉花》歌："生产运动大开展，你我都来纺棉花，棉卷那个紧紧地捏在手，线线不断地往外拉，纺呀！纺呀！纺呀！纺呀！一天就纺出了二斤花。"那时的延安十分欢乐，革命歌曲层出不穷。我还学会了唱《兄妹开荒》《三十里铺》等陕北民歌。那个年代的民歌没有固定的模式，朗朗上口，《三十里铺》的歌词是："提起个家来家有个名，家住在绥德三十里铺村，三哥哥行了个四妹子，人人说天配就。三哥哥参军要出发，四妹子送他到大路口，知心的话儿说不完，革命成功再

吴德峰、戚元德夫妇与女儿吴持生、儿子吴曙生留影

相见。三哥哥前方里打胜仗，四妹子后方里支前忙，他二人互相鼓励来挑战，英雄模范人人哩夸。”

虽说在大生产中我还是个不太懂事的孩子，但在长辈们潜移默化的言传身教中，我也开始领悟到了劳动光荣、生产自救意义重大和父辈们克服困难、艰苦奋斗的精神，培养了爱劳动、能吃苦的坚强毅力和独立生活的能力。

那些难忘的伯伯、叔叔、阿姨们

在延安，经常可以见到各级领导。当时我印象最深的，有父母长征时的战友萧克叔叔，他每次见到我都叫我“小猴猴”，我会在蹇先佛阿姨的授意下回敬他一句“老猴猴”（因为我们两个人都很瘦）。蹇阿姨在西安参加情报工作时，充当我父亲的三妹，我平时称她三姑。王震叔叔也是父母长征时的战友，父母称他“王胡子”，我和弟弟也跟着叫他“胡子叔叔”。他当时正率三五九旅在南泥湾开荒，经常到农委与父亲商谈供需、输出的事，时间晚了就留宿农委。我也跟着父母去过南泥湾，确如歌词中描写的那样：“到处是庄稼，遍地是牛羊”。再就是彭德怀伯伯，他非常喜欢我弟弟，见面就叫他“小胖子”“雅克大师傅”（因为弟弟头上经常戴一顶母亲做的苏联红军船型帽），并常开玩笑地问：“小胖子你是从哪里来的？”弟弟每次都认真地回答：“我是从后沟来的。”彭伯伯总是笑着用浓重的湖南话说：“不对！你是从小砭沟（谐音小便沟）来的。”接着就用他的胡子碴去蹭我弟弟的脸，浦安修妈妈总会在一旁边笑边解救弟弟……这一切童年的美好记忆好像就发生在昨天。

我记不起是什么时候第一次见到毛主席的，但记忆犹新的有两次。一次是我六岁左右，毛主席和任弼时等伯伯叔叔到农委，时过午，母亲等人去准备午饭。毛主席抱着我坐在他身上，弟弟坐在任弼时叔叔身上，我们听大人谈话。第二次是在西柏坡，正逢夏婆婆（夏之栩的母亲，大家尊称她“革命的母亲夏娘娘”）做八十大寿，我母亲做了个花篮让我送去，正好碰见毛主席也在夏婆婆那。他摸了摸我的头，问我是男孩还是女孩。母亲笑着说是女孩，并告诉他因为刚从学校接回来，头发还没长起来。毛主席很理解地说：“是怕长虱子吧？快啦！你们小女孩的头上都可以扎蝴蝶结啦。”晚饭后在一个较大的场院挑起了明亮的汽灯，毛主席跟大家坐在一起观看演出。当《揭起你的盖头来》剧目演到盖头一揭，露出一个男扮女装的大麻点丑女来时，观众们笑得前仰后合，我们小孩子被逗得又叫又跳，毛主席也在开心地大笑。当时的欢乐情景，我至今记忆犹新，历历在目。

母亲告诉我，1941 年夏季，她在延安住院生我弟弟曙生时，恰逢江青也在住院。毛主席到医院探视江青，顺便看望住院的老同志。正好吃午饭，大家吃的都是普通灶，主席发现江青跟大家吃的不一样，是特灶专做的，荤素搭配还有鸡汤，主食全是细粮。他当即指着饭菜批评江青，对陪他同去的生活秘书叶子龙等人说，这里有很多都是对革命有贡献的老同志、老红军和伤病员，江青有什么资格享受特殊待遇？并指着江青病房墙上围挂着的白纱布帘说，这是干什么，为什么别的病房都没有？他要求立即拆除，今后不准再给江青搞特殊化。毛主席以身作则，带头反对领导干部家属特殊化的事情在医院传开后反响很大，为大家树立了崇高榜样。

1945 年 8 月 15 日，日本正式宣布投降。那天举国欢庆，延安人民锣鼓喧天、鞭炮声不断。在这欢乐沸腾的气氛中，我也跟随大家扭起了欢乐的秧歌。

一个延安孩子的回忆

周　密

周密，周扬之女。1936 年出生于上海。1937 年随父母去延安，少年时代在华北解放区度过。1954 年毕业于北京师大女附中。1960 年毕业于莫斯科航空学院。同年 10 月，被分配到国防科委某研究院，此后一直从事运载火箭和导弹的姿态控制系统设计工作。1992 年 5 月，被派往莫斯科从事技术合作工作，直到退休。

1939 年，周密在延安安塞

周密于家中留影

桥儿沟时代

1936年的第一天，妈妈苏灵扬生了我，好胖啊，整整八磅三，全院都出了名。当时，爸妈都在上海做地下工作，每天都是极紧张地活着。我呢，是妈妈极好的掩护者，有时妈妈去公园接头，就用小车推我去，这样不易引起别人注意。

1937年全民族抗战爆发，爸爸周扬所在的党组织被破坏，我们一家就和一些同志奔赴延安。一路上有日本飞机的轰炸，环境又乱，过着极不舒服的生活，可是不到两岁的我倒无所谓，夜里由爸妈轮流地照护，白天又有叔叔伯伯们轮流抱我。我最喜欢的是舒群叔叔，当时我叫他“黑伯伯”。

我在延安一直生活到日本投降。我记事很早，最早的记忆是从延安安塞开始，当时大约三四岁。那时，爸爸任边区教育厅厅长。妈妈先后在抗大（中国人民抗日军事政治大学）、党校学习，很少回来，所以平时我和爸爸在一起生活。我们住在一个黑乎乎的窑洞里，我的床—— 一只柳条箱的盖子靠在大人们的床边。每次我爬过大床躺到自己的“窝”里去，都感到这是世界上最

1938 年，周扬（右）与舒群在安塞

舒适的地方。有次爸爸在屋里生火，可能是因为柴火湿或灶难烧，搞得满屋是烟，满地柴草木片。他的头发上沾着几根草，眼睛被熏得通红，几次叫我到院子里去，可我赖着不走。后来，大概是屋里的火没生着，他的肝火上升，一把把我抱出门外，我又坚决地跑进去，于是他把我提到院中间一条长凳上，按住狠狠揍了几下屁股才算了事。我自小顽皮，脾气又倔，挨妈妈打是家常便饭。可爸爸这辈子只打过我这一次，我倒记得清清楚楚。

1940 年以后，爸爸在延安鲁迅艺术学院当院长。我四岁时，我们家搬到桥儿沟东山坡的鲁艺。我和爸爸住在一个窑洞里，妈妈去生弟弟了，临走留给爸爸八只鸡，让他好好养。爸爸成天忙得很，没时间垒鸡窝，碰巧我们窑洞旁有个洞，我就出了个主意，把鸡养在里面。隔了几天，全不见有鸡出来，后来才知道那是个蛇洞，于是我们搬离了那个窑洞。

鲁艺有一群小孩，其中有名导演章泯的儿子克宁、克朗，戏剧家于伶的儿女力平、力凡，冼星海的女儿妮娜等等。他们的父亲都不在延安，由各自的妈妈带着。也有不少和父母在一起的，如李大钊烈士的外孙贾森林，画家蔡若虹的女儿小青等等。这些孩子中后来不少成为专家、官员，也有些过早凋谢了。

孩子六七岁时便上学去了，留下的全是幼儿园年龄的娃娃。大人们白天去工作，娃娃们就在院子里山坡边自己玩。这群娃娃中我和力凡最大，是孩子头，走到哪儿，后面都跟着一大串，最小的还蹒跚学步。为小弟弟小妹妹们擦鼻涕、解裤子、擦屁股是大孩子的义务。没有玩具，我们就拿柴棍、土块、瓦片过家家玩，手绢两边一卷，折过来，中间拴根线便是个“小人儿”，所以我一直想要个洋娃娃。

小青的妈妈夏蕾阿姨是个温和善良的人。有一天，她居然缝了个洋娃娃送给我——一个画着眼睛嘴巴、穿着花裙子的布娃娃！在延安，花布都难见到，何况穿在布娃娃身上呢。小伙伴们都羡慕得睁大了眼睛，轮流拿在手上摸一摸。我更是喜欢极了，天天拿着不离手，睡觉也搁在枕边。

谁知好景不长，有天我上茅厕，不慎把布娃娃掉进粪坑了。桥儿沟的厕所，就是一个坑上搭几条木板。好在是冬天，坑底都冻结实了。我实在舍不得我的布娃娃，就缘着木板爬下厕坑拾了上来。然后，抱着沾着屎尿的布娃娃，一边哭一边朝自家的窑洞走去。小伙伴们早就把这个不幸的消息传开了，爸爸也从窑洞里出来站在门口，老远他就一面摇手一面喊："走走走，别进来！"我能往哪儿去呢？只能站在院里大哭。这时，颜一烟阿姨端着一大木盆水过来，给我洗了脸和手，又用湿布擦净了棉裤棉鞋，好言好语劝慰我，答应请夏蕾阿姨再给我缝个新娃娃，我这才十分不舍地把那个布娃娃交给她处理了。那个布娃娃是我童年记忆中最美好的玩具。20 世纪 90 年代，我去看望蔡若虹叔叔和夏蕾阿姨，他们仍是那般温和慈祥。我那时才知道小青就是电视剧《三国演义》的导演之一蔡晓晴。颜一烟阿姨后来成了有名的儿童文学作家，我在电视中见过她一次。她们大概不知道，她们曾在我的童年留下过那么深刻的记忆。

大约是 1940 年的一天，我经过冼星海家窑洞门口，看见他的夫人钱韵玲阿姨躺在床上大声呻吟。见到我，钱阿姨大叫："咪咪，快去叫你妈妈来呀！"我不知出了什么事，立即撒腿跑去找妈妈。傍晚，听说钱阿姨生了个女儿。1977 年，我去上海出差，妈妈叫我顺便去杭州看看钱阿姨，那次，我见到了阔别二十多年的冼妮娜。尽管沧桑岁月已在我们脸上刻下了抹不掉的痕迹，她还和小时候一样热情爽朗。我们彻夜畅谈，竹筒倒豆子般地相互倾诉了三十多年来的酸甜苦辣。我才知道，钱阿姨这辈子活得非常苦。

桥儿沟时代，我最好的朋友是力凡，她比我大一岁左右。我们住的地方紧挨着美术系，我和力凡常常到华君武叔叔、江丰叔叔那儿去玩儿。江丰叔叔给我们一人几支画笔，是用山上的黄土粉、红土粉或木炭的黑心磨成粉，和水捏成的笔。华君武叔叔随手给我画了两个小人，我就拿回家照着画起来。那是我第一次画画，墙上、门上、地上都画满了，直搞得满头大汗，浑身是土才满意。以后我常常跑到叔叔们那儿去磨咕，养成了喜欢画画的习惯。

我和力凡是娃娃头儿，也是鲁艺秧歌队最小的演员。每次总是秧歌队打开场子，大家坐成一圈后，我俩便出场了。《小放牛》《兄妹开荒》《夫妻识字》等剧目，都是她扮男，我演女。不记得有谁专门教过我们，大人们排练时我们就跟在后面学。我的这些“传统剧目”从 1943 年演到 1948 年，从延安演到张家口、石家庄，只是后来换了几次搭档。日本投降后，力凡随母亲王季愚去了东北。

1942年，我六岁，到了上学的年龄。一般孩子都送到保安小学或干部子弟小学寄宿学习，但我父母决定让我上桥儿沟民办小学。这个小学有三孔窑洞，两个老师。一二年级占孔窑。除了我和力凡，还有十几个老乡的男娃娃，都比我俩大几岁。学习内容主要是识字，纸很少，老师在黑板上写，学生就拿个小棍子在院子里的地上进行默写，写不出来就会被老师打手板。那些男娃常被老师骂："看人家两个公家女娃，比你们来得晚，书念得好，你们臊不臊？"两个学期，我和力凡包揽了第一、第二名，奖品是两支粉笔和一支铅笔，我们美滋滋地拿回家给妈妈们看。

尽管这些男娃常挨骂，但他们对我和力凡都很友好，常给我们带些好吃的东西：酸枣、杜梨、杏、甘草，还有些自家做的馍饼之类。我最喜爱有点酸甜的小米面饼，那是他们的午饭，可他们常常把大半块分给我们，自己吃一小块。此外，他们还向我们传授了不少"生活知识"：比如怎样找甘草和挖甘草；若是山里迷了路，就用白灰在地上画个大圆圈，自己站在中间，狼就不敢进去吃你了；路上看见送殡丢下的草灰堆，千万别踩上，要不鬼就会来拉你的腿……放学或放假时，我们就把老乡娃讲的这些再向那些还没上学的鲁艺娃娃们宣讲一番，他们个个瞠目结舌，听得津津有味。这是孩子们谈天说地的内容，大人们是不关心和不了解的。

1998年我参加延大60周年校庆活动，第一次回到阔别56年的桥儿沟，除了山下的天主教堂，其他方位在记忆中全模糊不清了。冼妮娜、我以及几个同行人爬上东山坡，探寻我们住过的窑洞，没人知道。后来当地人说找一个叫猴娃的老汉来带路指引，兴许他能记得一些。我一听这名字，有点耳熟，果然这位满头白发、黝黑精瘦的老农一见北京来的人，就声称他是周密密、王力凡的同学，大家都惊呆了，不期而遇，自然是又惊又喜。他说“文化大革命”时老乡们都特别担心我们一家和鲁艺人，有机会都四处打听，后来听说王力凡已过世，所以只要有北京人来，他们就问周密密的消息。他甚至还记得我爱吃小米面饼的事。他领我们看了我家住过的窑洞和我们的小学，现在都住上老百姓了，窑洞略有修缮，院子里盖了平房。小时候觉得很大的空间，现在看来又狭小又破烂。几乎家家一堆孩子，比起我去过的其他农村落后。猴娃属猴，大名叫高存信，这年已66岁，只念完了小学四年级，他的第二、三代合起来已有二十余人，大部分务农或打工。

我和力凡各有一个弟弟，是桥儿沟时代走到哪儿也甩不掉的两个“尾巴”。我的弟弟周苏苏，聪明善良，四五岁时就能背好多首唐诗。1946年张家口撤退的行军途中翻车摔死了，当时才六岁，葬在阜平县城南庄

1941年5月，周密和弟弟周苏苏在延安桥儿沟鲁艺

一个小山坡上。力凡的弟弟王力平，曾任上海市委副书记，在延安一块玩时，他还是个拖鼻涕、学走路的小娃娃。1977年，我在上海见到他，我们都已是40岁上下的人了，他失姐我失弟，几十年坎坷，真是往事不堪回首。

“文化大革命”后，许多延安老同志来看望我父母，言谈中称颂了我妈妈的许多美德，我才知道妈妈那时在鲁艺做过指导员、宣传科长，当过妇女模范、模范党员等等。她这一辈子的生活准则是：革命工作第一，关心他人胜于自己。从我四五岁起，她就叫我学着帮助别人。记得有几次萧坤阿姨（诗人萧三的妹妹）出门办事，家里只有二三岁的克朗（后来北影的导演萧朗）一人，五六岁的我被借去陪住。夜里克朗要撒尿了，我就爬起来点上灯，他自己会踩着床下一个凳子爬下床去，屋角有个小便盆。现在的孩子和家长们，很难想象我们这一代人童年时的独立生活能力。

在延安大学

1943年，我家搬到延安大学，在当时的新市场附近，算是到了镇上。二年级下学期，我就转到延安完小。这个小学可大多了，有个大院子当操场，还有好几排教室，我家就在学校斜上方一排窑洞中。从我们住的院子边上可以看见学校的操场，每天早上预备铃一响，我便顺着山坡往下跑。因为爱睡懒觉，常常迟到。学校里最要好的几个同学，都是我演秧歌剧的搭档，有杜西京（烈士的女儿）、蒋祖慧（丁玲的女儿）、田文起（田方的儿子）等等。常在一块玩的有同院的王琛，上一排窑洞住的郝东平、郝东晋（郝氏姐弟的父亲郝人初是后来晋察冀边区联中的校长），我们后面则跟着几个两到四岁的小弟弟们：周苏苏、郝东勤、张太行等等。学校安排的演戏任务不断，星期天我们也常要到学校排练。有时排练结束晚了，回家时延大大门已关，我就从大门下面的缝隙中爬进去。现在想来，当时延安治安很好，因为不记得妈妈为我很晚回家担心。不过因为排节目常常耽误上课，二三年级我的学习名次就开始后退，落到中上等水平，妈妈不太满意。

这时我的性格也慢慢强了。有一次，妈妈在院子里洗衣服，王琛家的警卫员抓了一条小蛇，挂在一个树枝上，叫我拿过去给妈妈看，妈妈吓得扔下湿衣服就跑，我在后面追，满院子的人笑得弯了腰，我却很得意。又一次，全院子的人都有事去了，我正在屋里烧枣吃，忽然听见隔壁弟弟在哭，跑去一看，弟弟的鼻子直往外流血，满襟都是，隔壁的小孩三胖子（即张太行）站着发呆。我连忙给弟弟擦血，弄得满手都是，他说是三胖子用砖头打的，我一听火立时上来了，上去就把三胖子一耳光打倒在地，他满脸是血，坐在地上嚎起来。妈妈回来，不由分说把我揍了一顿。

1945年日本投降后，我跟着许多大人孩子一起到新市场开庆祝会。妈妈把我们几个小孩安排在一个地势较高的商店门口的台阶上，以免挨挤。很快就是人山人海，欢笑声、口号声、锣鼓声响成一片，人们从各个山沟中向这一地带汇集。一会儿，听见人群又高声欢呼起来，说是鲁艺的秧歌队到了，只见一溜火把进入人群，领头的刘炽手擎一个巨大的火炬在前面开路，他那时大概只有二十来岁，是鲁艺秧歌队的领队，后来听说他们是一路小跑从桥儿沟赶过来的。刘炽手中的火把换了几次，不少是跟随秧歌队的老乡们递给他的，一次竟是半个点燃了的竹笼屉。当时那种热闹场面特别壮观，所有人都为了胜利而热烈欢腾，大人小孩全沉浸在欢欣鼓舞之中。

过了不久，周恩来副主席来到我们院子，和爸爸他们谈了话。那时，就连我们这些孩子也能预感到快要离开延安了。

在张家口的日子

1945 年秋，我们全家随延大的队伍离开延安到华北。因为路途遥远，我和弟弟坐骡轿，个别行军路线有时离敌占区很近，不少人中途不得不把小小孩留在老乡家里。偶尔也发生老乡偷小男孩的事，为防万一，妈妈把弟弟打扮成小女娃的模样，头上围块花布，叫他撒尿时一定要蹲下。那些被寄养的孩子，大部分是新中国成立后才被找回来。在转移途中，我印象最深的是每日眼前摆动着的骡子屁股，每当它尾巴一撅，我便忙说“臭，臭”，拉着弟弟向骡轿内缩进去一些。一路上尽管平平淡淡，但对我来讲，还有两三件永生难忘的小事。

陕北气候干旱，大队人马行军，自然是灰土漫漫，所以妈妈给我们都准备了大口罩。但水又奇缺，每晚宿营时，常常是一盆水全家洗完脸再洗洗脚，泼到院里时已是一盆泥汤了。一次，妈妈居然发现炕下灶旁有小半铜盆清水，喜出望外，便洗了我们的口罩。过后她问是谁打来的水，没人知道。待问及刚从外面跑进屋的我时，回答说是我和弟弟撒的尿，她笑得蹲在地上，说："我说怎么有点味儿呢！"但是也不可能找水清洗了，第二天一早，我们戴上用自己的尿洗的口罩，也没觉得什么不好。

到绥德时，当地请吃了一顿饭，算是陕北方面的送别宴。我平生第一次和大人们坐在大圆桌上吃饭。事先妈妈叮嘱我要懂规矩，并说会有鱼吃。我一岁多到延安，从没吃过鱼，妈妈生于江南鱼米之乡，老对我讲鱼多么好吃，把我馋得要命。端上来一看，是一盘咸鱼，尝一小块，又臭又咸。妈妈大概多年没尝过鱼腥味了，还吃得津津有味。这时桌下有只大狗钻来钻去，我害怕得不时缩起双腿，败了吃饭的胃口。这次"宴会"叫我非常失望扫兴。

经过约一个月的行军，我们到了张家口，住了没多久，说要去东北。1946 年元旦出发，我坐在堆满行李的卡车上，行到宣化，街上正在放鞭炮、扭秧歌，很是红火。不知为什么，车队停了，向后转又回到了张家口。

1946 年春天，我就进了张家口第一完小读四年级。这里唯一的老同学就是蒋祖慧了，我们又一起被编进宣传队。我在鲁艺时就开始演的《兄妹开荒》《夫妻识字》

等秧歌剧现在又唱到了张家口街头，只是搭档换了。我因演出常常缺课，又因睡懒觉常常迟到，所以上课的时间很少。

1946 年，周扬一家于张家口留影

延安大学到张家口后改为华北联大。在张家口，我的玩伴主要是联大教授林子明之女：汝为、君为、子为。她们是从北平来的，比我多一些城市生活经验，常给我讲些这方面的知识。林汝为比我们大几岁，讲故事特别生动，叫我十分崇拜。她嗓音甜美，两只乌黑的大眼睛富于表情，后来成了名导演，执导了电视连续剧《四世同堂》《便衣警察》等。

在张家口住了不到一年，最大的感受是没有安全感，我无比怀念延安那种愉快自在的农村生活。第一是听说街上有“拍花子”的，一拍小孩的脑门，小孩便不自觉地跟着走，大一点的孩子被搞成残废，到街上要把戏，小小孩被挖掉内脏，装上大烟土去卖。所以，我上学走在街上总是十分小心，决不让我怀疑的人走得离我太近。这种习惯一直保持了很久。第二是怕夜里土匪打黑枪。当时联大校部在东山坡下的几排日式平房里，山背后常有特务土匪出没，一到夜晚就翻过山来骚扰，我方哨兵被暗杀的事常有发生。那时爸爸基本上在北平，妈妈在晋察冀日报社工作，每天很晚才回家。天一黑，我和弟弟就缩到榻榻米壁橱里等妈妈，心中又害怕又担心。屋内亮着灯时，我们经过窗户总是弯下腰走，不敢把影子落到窗户上，以免被黑枪击中。这个习惯也一直保持到了 50 年代初那夜不闭户、路不拾遗的时代才慢慢遗忘。

在晋北漫游

在市立第一完小念了一个学期，1946 年夏天，我们就和联大家属队一块撤出张家口了。头几个月，我们在山西北部一带转来转去，在广灵、灵邱、五寨、涞源都待过，少则十来天，多则个把月。回到农村，我们摆脱了在张家口整日担惊受怕的生活，又不用上学，每天都可以和小伙伴们自由自在地玩耍。我们常爱去的地方是城墙。那时山西的很多县城都有城墙，还有城门，城墙下有城门洞。城墙就是两米多宽的土墙，大概就是毛主席著作中提到的“土围子”吧。我们这些大一点的孩子，半天就能在城墙上跑半圈。

记得有个城隍庙里摆着供品，有几个点着红点的小圆馒头，虽然已经干了，我们剥剥皮，吃着还不错。城隍爷两旁泥塑将军们手中的大刀和长枪，我们偷着卸下来，是小弟弟们最好的玩具。有一次碰见一个当地老乡，说我们犯纪律，不像小八路，还扬言要向领导报告，吓得我们一溜烟跑下城楼，再也不敢去了。

我们还喜欢听山西妇女吵架，有一次，有个妇女搬一块砧板拿把菜刀站在一家门口，剁一刀骂几句，那流利悦耳的山西话骂起人来比快书还好听。我在围观的人群中听得来劲，被恰好路过的妈妈看见，她一把将我拽回家，叫我站在院当中，骂我不学好，用一条木板打我的手心，令我承认错误，引得周围好多老乡小孩来围观，我弟弟则飞快跑出去叫“救兵”。我感到受了奇耻大辱，又不明白怎么叫“不学好”，究竟错在哪里，所以忍着痛一声不吭。妈妈气急败坏，对着我的大腿屁股乱打起来。幸而这时弟弟请的“救兵”已到，几位阿姨、叔叔把我妈妈拉开，姐弟俩才一起抱着痛哭一场。

要说这几个月完全没上过学也不尽然，可能是在广灵县，我们在一个小学堂上了几天学。教室是一间光线很暗的房子，中间有几排长木板搭成的桌椅。一至四年级学生排成四列坐在里面，由一个老师同时教。他先教一二年级背《百家姓》《三字经》。老师是个瘦老头，据说是前清的私塾先生，留着清末剪掉辫子后的齐肩发，现在的人只能从电影中见到这种发式了，那时在农村中还偶然碰到。他念一句，叫大家跟一句，后来则叫大家自读自念，教室里顿时嗡嗡一片。

在山西的最后一站是涞源，离开那儿已是1946年深秋。在晋冀交界处的大山中，夜行军的路上，我失去了唯一的弟弟。半个多世纪过去了，我回想起这段悲伤的经历时仍心痛如绞、泪眼婆娑，儿时姐弟的友爱情景记忆犹新。出事后，父母那悲痛欲绝的样子至今历历在目，当时我恨不得替弟弟去死的心情现仍有感觉……但在这篇文章中，我只想留下童年愉快有趣的回忆，让我的笔跳过这最凄惨的一段吧。

在阜平生活

事故之后，我们家在一个警卫班的护送下，迤逶而行，走了几天，终于到了华北军区司令部和中央局所在地——河北阜平县。其间，妈妈和我，还有一位为救我们也跟着跳下悬崖摔折了腿的警卫战士都是在担架上度过的。这时，父亲已离开联大，调到华北局任宣传部长。我们全家被暂时安排到离城南庄不远的小山村——汤沿口，住在一个老大娘家。她有个17岁的姑娘，叫小春，教我做针线、编草帽、包饺子、推碾子等，我教她认字。妈妈伤重，腰、腿、肋骨都摔坏了，过了好久才能下地走动。但她对自己要求很严，任何情况下都不忘工作。在那儿不到半年的休养期间，她居然在村里组织秧歌队、识字班，她躺在炕上或拄着双拐做指导，由我来当教员，教村里的孩子们识字、唱歌、扭秧歌。1947 年春节，我们这个小山村的娃娃秧歌队的霸王鞭还在本村和邻村“巡回演出”了一番。房东大娘腿上长了好多脓疮，妈妈用磺胺粉给她治好了。不久，村里许多长疮的人听说后，都来我家看病。妈妈就让人从机关医务室弄了些外伤药品，指导我来干。

记得有个小男孩屁股上长了个大疖子，他爸爸把他横放在腿上让我“动手术”。我切开脓头，挤出好些脓血，撒上消炎粉，然后把一条浸满凡士林膏的纱布塞进伤口中去。可一动伤口，小孩便杀猪般地哭叫踢腿，我拿镊子的手直抖，纱布半天也塞不进去。那孩子的父亲鼓励我：“别怕，闺女，使劲塞吧！”到“手术”结束时，我自己也满头大汗，但看到妈妈赞许的微笑，我心里别提多高兴了。那年，我才不过 12 岁。

离开汤沿口后，我有时也回房东大娘家去。见我来，大娘总是煮一大碗面，上面卧两个荷包蛋，洒点香油。她把面放在院里石磨上，我坐在磨架上享受着世界上最美味的“大餐”。大娘就坐在对面静静地看着，脸上挂着满意的微笑。临走时，她总给我装一口袋零食，如核桃、枣、柿饼、花生等。1948 年秋，我随大部队回到阜平城南庄，又去过几次大娘家。平津战役打响前不久，学校通知一律不许外出，个人物品都要打点好，随时准备出发转移。那天我匆匆吃完饭，带了一只海碗和一条新的白毛巾，偷偷跑到汤沿口村和大娘告别。大娘又要煮面，但时间来不及，我俩都哭了。她小脚一瘸一拐地送我到山坡边上，抹着眼泪看我走远。没想到这次竟成了我和大娘的永别。我们进北平后，大娘也把她的小女儿托付给了组织。之后没多久，大娘就去世了。

1947 年初春，妈妈身体康复，我们搬到了机关所在地——新房村。新房村是专门为中央局机关盖的公家房。新中国成立前夕，公家搬走，老百姓住进去。我弟弟就被埋葬在新房村边的小山坡上。我们搬去时，记得徐特立老人、刘澜涛、黄敬、吴德、李葆华等都住在那儿，每家有一两间房子。徐老那时已有六十多岁，院里的父辈们对他都十分敬重。他身体很好，每天在河滩上快走一两个小时，叫散步。我也跟着走过几次。徐老自己没有孙辈，却很喜欢孩子，常给我讲一些历史、地理方面的知识。有次说到“上有天堂、下有苏杭”，他问我杭州是哪个省的，我始答浙江，又改江苏，看着他的眼神改变答案。他说这不好，永远不要看着别人的表情回答问题，知之为知之，不知为不知。

周末和假期我回新房村，和吴德的女儿吴铁梅一起玩的时间最多，她在政府系统办的小学——光明小学上学。她的继母身体不好，她就住在黄敬家的外屋。和继母冲突时，黄敬就哄着她。黄敬叔叔是孩子们最喜欢的人之一，他说话诙谐有趣，没有长辈架子，胖乎乎的脸上总挂着笑容。我记得范谨阿姨（黄敬夫人）那时刚生了小孩，我和铁梅在边上参观他们给孩子换尿布，问她为什么婴儿屎是绿色的。

从 1946 年夏到 1947 年春末，我玩了近一年，妈妈说野马该上笼套了，5 月初我进荣臻小学六年级。小学离新房村约六里路。我们班一共六个人，四男两女，李丽（即聂力——聂荣臻之女）是班长。那年暑期，从延安来了一大批人。一天，司令部招待看电影，陈毅、罗瑞卿、萧克几位叔叔问这帮孩子们的考试名次，李丽是第一，受到夸奖。问到我，是第六名。他们说，也不错嘛！我说，我们班一共六个人。大人们哄然大笑，聂荣臻伯伯笑着拍拍我的头说："这个傻大姐！"我觉得很不好意思。

第二学期，班上又加了一名女生——唐婉文，我可高兴了，因为李丽比我大五六岁，当时已是十六七岁的大姑娘了，我对她敬畏，却玩不到一起。婉文年纪和我相仿，又聪明伶俐，学习优秀，所以我们形影不离。在当时，荣臻小学在华北解放区里算是生活条件最好的了，但毕竟艰苦，我们又正处在长身体的阶段，所以每天都琢磨着弄点什么吃的最好。一天，我和婉文经过伙房，正赶上有人送来一担胡萝卜，炊事员给了我们一根，婉文兴高采烈地把萝卜放进衣袋，我跑去找一把小刀，俩人爬到半山坡上打算享用一下。可她一摸衣袋，萝卜没了，原来口袋上有个洞，我俩沿原路返回寻找，竟然在小路尽头发现了一个啃完的萝卜头。她懊悔得快哭了，两人只好悻悻然回到宿舍。

我们班主任姓徐，是位慈祥文静的阿姨。她教语文很注重讲文字的精美，教我们读过几篇散文和现代诗，但像我这样没心没肺的“傻大姐”，总体会不出其中滋味，所以她说我“写文章像说白话一样”。我们还有位音乐老师，当时才十七八岁，人长得漂亮，嗓音也甜美，我特别喜欢她。她组织了一台集体朗诵、独唱、合唱的庆祝新年广播剧，1948 年新年，我们到华北解放区电台做了表演。还有位管生活的张老师，四十多岁，一二年级小同学的生活全靠她来照顾。每个月我们集体到附近的温泉洗一次澡，张老师就坐在水里给小女生们洗头擦身。现在回想起来，她又小又瘦，还缠过脚，几小时下来，真够累的，那时的老师都像大姐、妈妈一样。我们班是荣臻小学第一期毕业班，现在北京八一中学的校史陈列馆中还有我们七人和徐老师的合影。

1948年春节过后，我告别了小学，告别了父母和朋友，踏上了去晋察冀边区联中的路程。自此，我也告别了童年，参加到纪律严明的革命队伍中了。

（摘自作者90年代所写文章中）

回忆在延安的日子

何理良

何理良，何思敬之女。1926年7月出生于日本东京。1940年参加革命。1945年毕业于延安俄文学校。1958年，毕业于莫斯科国立国际关系学院历史系。1960年至1976年，先后在驻加纳、埃及和加拿大大使馆以及常驻联合国代表团任外交官，1977年至1986年任外交部国际司副司长。曾任第五、六、七、八届全国政协委员和全国妇联执委。

1936年，何思敬一家于广州合影。右一为何理良

何理良近照

毛主席批准我们一家到延安

我母亲王艾英1925年同我父亲何思敬结婚，我于1926年7月在日本东京出生。1927年1月，父亲受聘回广州国立中山大学任教，在父亲回国后我即随母亲居住到外祖父王凤飞家里。在我10个月的时候，母亲得知父亲在中山大学的生活已得安顿，即带着我乘船到广州同父亲会合，住在广州市东山区。

1931年，因反对国民党学阀和时任中大副校长朱家骅推行反动治校政策，父亲辞去中大教授和法科主任的职务，我们全家到了上海。经创造社社员郑伯奇介绍，父亲参加抗日工作，加入上海民众反日会，任宣传干事，后代理总务。在上海，我家住在法租界的巡捕房对面，后搬到城中心的武林村弄堂。

1932年1月28日，淞沪抗战爆发，父亲加入中国社会科学家联盟，任总务干事。他的革命和抗日热忱，引起共产党的注意。5月，由韩托夫、沈志远介绍，父亲光荣地加入了中国共产党。

同年，朱家骅离开中山大学，父亲于1932年7月返粤，重回中山大学任教。当时我已经6岁，父亲便安排我上中山大学附属小学读书。为了我上学方便，我们全家搬入市内，住在惠爱中路的芳草横街。中山大学是面向全国招生，以普通话教学，学生在课堂上发言当然要用普通话。但是学生们平日说广东白话，不会北方话，在回答老师的问话时，往往用自制的普通话发言，引起教师和同学的哄堂大笑。

1933 年，何思敬一家在广州

其间，父亲经常在中山大学及广州市内文明路的西堂文学院的大型课堂进行定期演讲，宣传共产党的主张，揭露国民党假抗日、真卖国。当时的中山大学校长邹鲁向国民党省长陈济棠告状，说怀疑父亲是共产党，应予逮捕。爱国人士、原十九路军军长陈铭枢得知后，要李章达（父亲好友，国民党左派，时任广州市公安局长）紧急转告父亲马上离开广州。1936 年 11 月 11 日，父亲在中山大学全校师生大会上发表支持一二九运动的慷慨激昂的演说后，立即乘火车离穗至九龙。半年之后，母亲带着我们四个孩子，也到九龙同父亲会合。

1937 年 6 月，父亲回到抗日运动的中心上海。8 月 13 日，日军进攻上海，父亲考虑只有到他久思的延安才能发挥他的长处，于是同一些革命同仁离开上海，经过武汉转至山西，渡过黄河，于 1938 年 3 月到达延安。到延安后，他受到毛主席的亲切接见，有三四千人参加了欢迎大会。毛主席在致辞中称赞父亲“有正义感，有勇气，有学问”。中央还请父亲担任抗日军政大学教授。

当父亲于 1937 年 6 月离开香港北上后，我家五人即免费住入李章达先生在九龙宋街的三层楼房的二楼。父亲曾给母亲寄来少量稿费，以为家用，但数量太少。母亲即把一块土地卖掉，但还是不能支持家庭长年的开销以及我和弟弟们上学的费用。亲友的接济是有限的，我母亲甚至把我积攒的 9 港元压岁钱都借去用了。幸亏我在香港财政评论报社任校对的三叔何思诚慷慨资助我家。但不久，三叔也自顾不暇了。因家计拮据，我母亲时常背着我们暗地哭泣。因母亲日语底子好，当时有朋友劝她到日本驻港领事馆工作，被她拒绝了。她说，“宁愿饿死也不做汉奸”。

苦苦支撑了大半年后，1938年夏的一天，八路军驻港办事处主任廖承志突然来我家，说毛主席批准给父亲家属每月50港元，这在当时足以让我们全家不至于停学和饿肚子。我母亲感动得流下热泪，连连表示感谢。

母亲知道，中共的经济来源极为不易，每接到这可贵的50港元，心里觉得十分过意不去，于是她写信给我父亲，请求延安的领导允许我们全家去延安。不久，我母亲到廖承志办公室接到毛主席用铅笔在一小张麻纸上写的条子：“请安排何思敬教授一家来延安。”这一下子，我们全家沸腾了，孩子们高兴地喊道：“我们要去延安看爸爸了！”

八千里路云和月

1939年10月1日，我们五人带着被子等少量随身行李，同长期寄养在香港爱国人士彭泽民家的18岁的周士第之女周博雅一道，在八路军驻香港办事处的代表连贯的护送下，登上了香港去越南的海船（因为当时日本军队已占领了广州，我们无法沿粤汉铁路北上，只能绕道越南再入境)。八路军驻港办事处还安排了一位叫曾祥澄的同志照顾我们，帮我们办理过境越南进入中国等手续。

我们一行七人(包括曾祥澄)在越南海防港登陆，然后乘车到河内。当时河内的社会秩序很差，沿街到处是人们吐的血红色的槟榔渣，街头的孩子抢走了我母亲的钱包。在河内，我们住在八路军的招待所，约三天后，再坐一辆长途汽车到镇南关(现在的友谊关)办了入境手续。我们一行七人从凭祥乘坐有顶篷的大客车，经过柳州到达桂林，也住在八路军办事处的招待所，驻桂林办事处的主任是中共的老革命李克农同志。

李克农对我们一行十分关心，因估计我们到延安时北方的天气已经很冷，他为我们每人做了一套灰布棉衣裤和大衣，我们穿上制服感到自己是小八路了。

把我们送到桂林，曾祥澄的任务就算完成了。我们同敬爱的曾叔叔在此惜别，他即回香港去接受新任务。在桂林三天，每天都要跑警报，躲日本飞机的空袭。我看到桂林的百姓扶老携幼，惊慌地跑向大山洞躲避敌机，心里觉得非常难过和愤慨。日本侵华战争打到第三个年头时，蒋介石买的300架飞机几乎被日机打光了，中国天空变成了对拥有上千架飞机的日本空军开放的空域。

我们一行人坐着三辆大卡车离桂林北上，因怕遇到敌机，不敢白天上路，而是凌晨3时即起床赶路。一次，约在早上 7 时，车还在行进，发现 7 架日本飞机向我们飞来。领队的同志命令马上停车，要我们迅速下车，卧倒在路边的旱沟里。可能日本飞机的目标是桂林，没有理睬这三辆卡车，从我们头上飞过去了。

广西多山，新筑的公路又窄又曲折，夜间行驶充满危险，我们前面一辆满载宋庆龄捐赠给八路军药品和医疗器械的车，由叶挺将军的胞弟叶辅平同志押解，不幸在弯道很急的地方，因后轮悬空而跌入山崖，叶辅平当即牺牲了。我们四个孩子很爱叶叔叔，喜欢听他讲红军的惊险故事，听说他牺牲了，都大哭起来。许多年之后，我们还想念着他。

我们一行经过贵阳到达重庆，住在八路军办事处招待所大约一个月。记得每天最重要的事是躲入防空洞。当时重庆是中国的战时陪都，日本每天用几十架军机轮番轰炸重庆，企图逼国民党投降。

去延安的人数凑够后，我们一行即向西安出发。在西安住在八路军办事处的七贤庄招待所。几天后，即向延安出发。这时已是 12 月下旬，北方的天气进入了严寒阶段。我们穿上了棉衣，深深感激李克农同志对我们周全的照顾。

这辆露天卡车上有几位领导同志：南汉宸、胡乔木、李锐，还有李锐的夫人范元甄。时值国民党对边区实行反共高潮，我们经过三原等国民党把持的关口时，都是范元甄出面交涉。她的伶牙俐齿把国民党方面人员顶得哑口无言，我们的车被准予放行。

从西安到延安一共走了三天。因为延安的地势高，车辆需不断攀坡，而我们的车又老旧不堪，有时乘客不得不跳下车来推一把，才可继续前进。中国共产党的老朋友、新西兰人路易·艾黎坐副驾驶座，每到这时，他就下车慢慢随着卡车向前走。他很喜欢我的两个弟弟，一手牵着一个。这是他第二次到延安，他是工业合作社运动的领导人，对延安“工合”的工作和在延安建立自然科学院很关心，提出了办校的许多好建议。

我们一行在 1938 年 12 月 30 日傍晚到达延安城北门外延河西沿的一个汽车站。我们四个孩子兴奋无比地向手提马灯戴着厚厚眼镜的爸爸奔去。他高兴地说，“你们终于平安到达了。我特别担心你们在重庆遇到轰炸。”

初到延安

我们跟着爸爸沿着大砭沟的山路，走到他的窑洞。窑洞的墙是用白色的石膏涂抹过的，很敞亮。窑洞内的陈设很简单，一张桌子，桌上放满了书本和纸张，一盏油灯，一张大木床，一个洗脸盆架，一个木炭盆，上面一把铁皮水壶在喷雾。因有勤务员帮助打扫整理，窑洞里很整洁。

妈妈把爸爸心爱的书——黑格尔的哲学巨著《大逻辑》三卷本交给他，他高兴地把它们抱在怀里。军委编译局的十几位干部听闻都跑过来同我们握手庆祝。

抗战时期的延安

听说是周恩来副主席的授意，我们到延安后几天，中央请王若飞在延安唯一的饭店——西北菜社主持宴请，为我们一家接风。当时在座的还有邓发、成仿吾等父亲的老友。席间，王若飞从口袋里掏出一个扁平的铁皮酒瓶，让每个大人喝了一口，一桌人尽欢而散。

新年过后，我被安排到离大砭沟约 40 里的柳树店的边区师范学习，弟弟妹妹被安排到安塞保育院小学学习，母亲到延安女子大学学习政治常识。母亲虽然文化水平较高，但不懂马列主义和中国革命历史，经过我父亲的开导和女大的学习，加上她原先贫苦的出身和个人的努力，政治上提高得很快。她于 1941 年底光荣地加入了中国共产党，被调到培养我军日语干部的对敌工作干部学校任教员。她的几位学生在新中国成立后成为我国驻日本大使馆的外交官和武官。

我们到延安约半年后的一天，父亲带我们去看望毛主席。毛主席和我父亲说什么，我们也听不懂，只是听说他的女儿李讷才两个月，我们几个又高兴又好奇，得到允许后即到另外一个窑洞去看小婴儿。不一会儿，父亲带我们辞别毛主席，回到大砭沟。

1940 年 7 月一个星期天中午，父亲带我们一家人到邓发叔叔家里做客。邓发是广东人，豪爽大度，长期在广东和香港工作，同我父亲时有接触。我们用广州白话谈笑，特别欢快。餐桌上摆着一条大鱼，那是延河发大水时由警卫员捞到的战利品。好久没有尝到肉味的我们高兴地很快把大鱼消灭光了。不幸的是，1946 年 4 月 8 日邓发叔叔在山西黑茶山的飞机失事中遇难。他的离世使我们全家人十分悲痛。

我父亲一生都很忙碌，很少有时间同我们几个孩子聚在一起聊天或谈话。我们到了延安后，他抽出时间，要我们四个儿女聚在一起，听他谈对我们的要求和希望：第一，不要相信任何宗教，只信仰马克思列宁主义和中国共产党的理论和主张；第二，要争取成为一名共产党员，而且是个好党员；第三，要争取考上高等学校，有丰富的知识，同时至少要学一门外国语；第四，鄙视拜金主义，还有欠人家的钱要尽快还，借钱给人家后不要催人归还。对于父亲的教导，我们永远铭记在心，我们几个子女都经过努力，达到了父亲的要求。

延安的生活

延安是中国最穷的地区之一，这里的山都是秃头山，山上没有一棵树，遍地是酸枣和甘草等矮小的植物。当地百姓穷，没有电灯、自来水和公共交通，但也没有乞丐。当时连毛主席都过着和我们同样的生活，我们从大城市来的人很快就适应了当地的生活。我的母语广州白话也很快改成了普通话。

延安共有 2 万多干部和学员。全民族抗战开始后，红军改编为国民革命军第八路军，这里就是八路军的驻地，很多人是 1938 年看到抗大、陕公在大后方各地的招生广告，或是读了埃德加·斯诺的《西行漫记》，来到延安参加抗日和革命的。

延安人的衣食和住所全由公家供给，好在延安的土壤在 30 厘米黄土以下是几千万年前形成的三趾马红色黏土，竖纹，打出的窑洞可以四五十年不垮塌。窑洞解决了 2 万多延安人的居住、办公和学习问题，而且是良好的防空洞。日本飞机在 1938 年把六华里长的延安古城轰炸得没有一间完整的房子后，就很少再来进行无用的空袭。

毛主席和朱总司令从 1937 年起就号召边区的军队、机关干部和学员进行大生产，上山开荒种粮，自力更生解决口粮问题，女同志则纺毛纱棉纱。延安地区不能种植大米和小麦，但所种的耐旱作物如小米、土豆，不但产量高而且营养丰富。我们每天三顿饭就吃的是小米饭。

抗大教授何思敬在备课

到延安后，我被分配到边区师范学习几个月后，同几个十几岁的同学被调到自然科学院初中部学习。延安自然科学院实际是一所大学，分大学部、高中部和初中部，中央的目的是用较长的几年时间培养新中国的科技人才。我记得一些同学的名字，如高中大学部的叶选平、黎阳、赵迪等同学，初中部的任岳、师秋郎、贺高洁、于龙江、彭士禄……很多同学在新中国成立后成为军工、科技的领军人，为改变我国科技状况作出了贡献。彭士禄一生为我国核潜艇的研发贡献力量。还有当时在初中部就读的我的弟弟何健文，他也为原子能发电站等工程作出了贡献。

我们学习代数、生物学、生理学、天文学和物理学等自然科学课程，使我获得更多自然科学知识。有时，学校也请来如李富春等高级干部给我们上党课，提高我们对共产主义学说和中共历史的知识水平。

中国共产党一贯注重干部学员和战士的政治和时事学习。我们在延安可以大谈抗日和革命。人们讲述革命和长征的故事，热情地歌唱振奋人心的革命歌曲，宣讲革命理论和革命前辈的英雄事迹。这里的人们热爱学习，也尽情地享受文化生活。人们可以阅读白区禁止的马克思、列宁和毛泽东的著作及各种论述科学社会主义的书籍，世界各国的文学名著在延安的青年读者中传阅。每到星期日，人们涌到南门外新市场的新华书店购买革命理论和革命事迹的书籍。

延安有鲁迅艺术学院、青年剧团、京剧团等文艺单位。有可容纳上千人观剧的八路军大礼堂，经常演出一些名剧如《日出》《雷雨》，也演出《抓壮丁》《前线》和新歌剧《白毛女》，甚至意大利作家莫里哀的《悭吝人》等。延安平剧院演过《打渔杀家》和新京剧《逼上梁山》《三打祝家庄》等。鲁迅艺术学院的音乐家常创作出新作品，如冼星海的《黄河大合唱》和郑律成的《八路军进行曲》等气壮山河和脍炙人口的歌曲。逢年过节则有机关、学校和当地群众组成的秧歌队、旱船队到大路上表演，锣鼓喧天，引来千百观众欣赏，十分热闹。鲁艺还编演活报剧和秧歌剧如《兄妹开荒》《十二把镰刀》等，很受延安老乡们喜爱。

延安人看戏不需要买票。一次，我参加儿童剧的演出，忘记给父母发票，我父亲向八路军大礼堂门口的收票人员说明自己的女儿参加今晚演出后，我父母立即被带入大礼堂就座。

在延安，最为高兴的是看电影。那时，唯一供应电影片的是苏联，苏方每几个月派一架小飞机运送一些药品来延安，也带几部电影片子。各单位接到杨家岭中央办公厅的通知后，都兴奋地排好队，扛着凳子，以整齐的步伐，急行军到达杨家岭前的大广场，分区坐好，等待开场。

在机械手整理放映机时，我们十几个单位的同志开始拉着别的单位唱歌，互相比赛。等一个单位唱完歌后，别的队伍往往有人大声说："再来一个要不要"，这时就有另一队同志主动唱起歌来，一个接连一个地欢快歌唱和挑战。直到电影开始，大家才安静下来。我曾看过《列宁在十月》《恰巴耶夫》(又译作《夏伯阳》)等电影。可是，当时影片质量较差，刚放映不到五分钟，往往即发生断片，大家只好用歌声来填补等待的时间。一会儿电影又开放了，大家聚精会神地看着，不过几分钟，片子又断了，这样折腾几次，观众的情绪低落了。最后，电影组宣布，片子无法接好，不放了。大家只好没趣地顶着月光走回自己的单位了。

延安人很注意锻炼身体，每天早起后跑步 20 分钟后才集合点名。许多单位有篮球队，少数单位有足球队。在夏天，清凉山下延河水深处可供人游泳。延安一些单位组织了飞鱼队，开展游泳比赛，我也参加了。延安的冬天冰期达两个月，人们穿着简单的冰刀鞋在延河上滑冰，往往引来岸上很多人观看。

在延安，我家遇到最不幸的事是，我 16 岁的弟弟何伯仁在离延安不远的安塞保育院小学因得破伤风病，在七天高烧后死去。在保小，他很勤奋好学，积极学习革命知识和各门功课，并担任班里的干部。因校长缺乏医学护理常识，加上缺医少药，导致何伯仁离世。当我父母接到弟弟死亡的噩耗后，立即快马加鞭地赶到安塞保小，两人悲伤至极。听妹妹说，弟弟在病危时不断喊妈妈，我母亲听说后几乎晕死过去。在追悼会上，父亲讲话时说，伯仁是个好样的革命后代，他要是活着，一定会成为一名好共产党员的！同学也都说伯仁是个优秀的少年，正准备登记入党。我母亲则因丧子得了肺结核，但她坚持教学工作，经过三年多才痊愈。

在抗大三分校俄文大队学习

1941 年 5 月，我被调到抗日军政大学第三分校下属的俄文大队学习。1941 年，中央还决定开办中央军委的工程队，以培养飞行员、坦克手和炮兵，但因为苏德战争逼近，工程队需要的各种教具未运至中国，学校停办，几十名学员转入俄文学校学习。在 1944 年美军驻延安观察组到延安之前，中央考虑英语的重要性，加设了英文系，系主任是浦化人（1927 年入党，任中共上海中央局宣传部部长），俄文学校改名为延安外国语学校，学员中有凌青（林则徐第五代孙，新中国成立后曾任大使和常驻联合国代表）。

成立俄文大队（后改名为军委俄文学校），是党中央很有远见的举措。因估计苏联会同国民党建交，但是在反攻日寇阶段，苏军一定参与，那时就需要大批懂俄文的军事翻译人员。中央十分重视俄校的开办，调动在苏联多年、俄语很好的曾涌泉和卢竞如任学校的校长和教务长，委派我党培养的黄埔军校第四期毕业生并在苏联学习和工作 13 年的空军少校常乾坤（新中国成立后曾任空军副司令）担任俄文大队的大队长，主管俄校的教务和党务工作；还选任几位毕业于东北大学的俄文优秀的同志和几位长期在苏联工作的同志任俄文教员，他们是邵天任、杨化飞、刘群、钟毅、赵洵、黄正光（越南共产党人）和李荣华（朝鲜干部）等。

中央也从延安的机关、学校调来文化程度较高的年轻干部和从前方选拔了有初中文化水平的共产党员和连排级的青年干部，到延安俄文学校学习。这样，俄校学员最多时接近 200 人。

俄文学校原址是抗大的黑龙沟，后来搬到离军委所在地王家坪以南两里路的小山沟汀泉沟的几排窑洞里。学校分为五个区队，学员过着半军事化的生活。每天早上，学员们应号声起床，集合点名上操路跑，然后到山下延河边洗漱之后利用头脑最清醒之际，背诵俄文单词或句型，然后回到半山上窑洞前平场上课。

我所在的一区队的学友有何匡（新中国成立后任人民日报社主编）、李则望（新中国成立后曾任驻苏联大使）、马列（新中国成立后曾任周总理外事秘书）、何方（新中国成立后曾任日本研究所所长）、凌祖佑（东北解放后，曾任中长路中方军代表和铁道部财务司长）、闫明智（新中国成立后曾任驻苏使馆外交官）、罗焚（新中国成立后曾任驻苏使馆外交官）。我的同学中还有王军等女同志，但她们在校几个月后即被调走从事地方工作。

因没有俄文教科书，也没有《俄华字典》，只有一本刘泽荣（新中国成立后任外交部专家）编写的《俄文文法》，所以教员们只好自己编写教材，油印后交给学员们学习使用。有时教员在黑板上写出课文，由学员们抄录学习。

我们在俄文学校学习四年多时间，因为春秋两季要去开荒种地，秋季要花时间去收获，整风审干花去了将近一年多时间，实际用于学习俄文的时间并不多，学员的俄文水平不可能太高。但是，我们善于利用时间提高自己的政治水平和俄文水平，在日本投降后我校停班后，同学们到东北各地工作时，表现出高度的政治担当。当时，苏联依然同蒋政府保持正式关系，不允许由中共接受日本物资，但我的同学能够从苏军手中取得一些军民用品。兰曼同学以他有限的俄语，从苏军手中取得了四辆日式坦克。刘玉堤同学，甚至从苏联教官处学会开喷气式飞机，后来在朝鲜战场上一次空战中击落四架美国飞机。凌祖佑同学在中长铁路任军代表，同苏方进行既有合作又有斗争的工作。

在俄文大队学习时，我们学员们往往是八个人一组站在山下土路边的大厨房，围绕着一个放在土地上的洋铁皮菜盆，吃淡盐水煮萝卜条，上面点几滴小麻子油，成年吃不到肉。加上国民党从 1939 年开始的反共高潮，对边区实行袭击和封锁禁运，停发军队粮饷，延安人的生活更加困难了。有两年即 1940 年和 1941 年，公家只发给每人一套棉衣裤，脏了拆洗后缝好再穿，破的地方打上个补丁。到了 1943 年，情况有了改变。各单位和学校每年参加大生产，王震司令员指挥三五九旅开发的万亩南泥湾良田粮菜大丰收。我们的饭菜花样多起来了，偶然可以吃到肉和白面馒头、豆腐和粉条，所种的西红柿都吃不完。记得 1943 年秋，在校的女同学也到山上进行秋收并一起会餐，大师傅给我们蒸了肉包子，我的一位同学吃到第八个大包子时，还说不出是什么肉馅。

为了丰富文娱生活，各机关学校常在周六晚上举行交谊舞会。我们俄文学校的舞会比较简单，大家穿着制服，脚踏布鞋，迎着胡琴的乐声在月光或马灯光下，在操场上跳舞。我实际上不会跳交谊舞，但是踏着音乐的节拍走走步子，也很愉快。在中央军委所在地王家坪的桃园和杨家岭礼堂举行的交谊舞会则灯火亮堂，中央同志有时也来参加。以我校为首的乐队能奏各国乐曲，在王家坪舞会上，朱德同志有一个扬琴，他爱打扬琴，但节奏往往比乐队慢半拍，虽然康克清大姐从旁提醒，但朱老总还是慢条斯理地打扬琴，好在扬琴的声音不大，不影响乐队的演奏。而叶剑英同志用二胡演奏的广东音乐如《雨打芭蕉》则很有水平。

一年夏季，在王家坪桃园举行的舞会上，毛主席邀我跳舞，我感到很光荣。他问我，你叫什么名字？我说我叫何理良，他稍想了一会儿又问道，理——良，什么道理好哇？我说共产主义的道理好，他轻轻地点了点头，似乎很赞赏我的回答。这时我忽然想起今天是聂耳同志的生日，便对毛主席说，聂耳是一位伟大的人民音乐家。毛主席立刻说，他是一位真正的伟大的人民音乐家。我觉得主席说的“真正的”几个字真是太有力、太贴切了，它大大增加了我对聂耳同志的崇敬。他又问我，你入党了没有啊，我说我早就下定决心了，但在整风期间不接受党员，他于是说，中国革命还会遇到很多艰难困苦，你要想好啊。这些话真是对我的深刻教导，也是对我的鞭策，使我永远不会忘怀。

亲历延安整风

1942 年 2 月 1 日，毛主席作了整顿党的作风的报告，延安开始整顿三风，即党风、学风和文风。

整风期间各机关学校大门紧闭，互不往来，气氛一下子变得极为严肃。俄文学校在校党委领导下进行整风文件的学习。我事后才得知，整风分两个层次：高级干部和一般干部。我校的学员们参加一般干部的整风学习，大家认真阅读学习中央规定的 22 个文件如增强党性、反对自由主义等和刘少奇的《论共产党员的修养》。学员之间按照文件的要求认真学习，开展批评和自我批评，检讨自己的个人主义、自由主义等小资产阶级散漫的特点和错误。同学们都表示决心做有党性的共产主义者。通过整风学习，大家提高了对中国革命路线和政策的理解，加强了革命的纪律性，克服了散漫的思想和作风，使同学们树立了坚定的共产主义人生观和世界观。

整风运动期间，开展了审干运动，一度出现扩大化错误。这跟从苏联回来的康生有关。

听说在整风开始前两年，中央破获并已处理完毕了汉中特务训练班即戴案，而康生作为中央党校校长和中央社会部部长，事后才知悉此案。他得知戴案情况后，即大肆利用此案兴风作浪。

据说，1942 年冬，康生向一个高干会议作了一个报告，宣传“特务如麻”。他认为戴案涉及的 40 余人都是青年，因而应审查从白区来的所有青年。在延安的审干运动中，很多来延安的革命青年知识分子被打成了“特务”或“特嫌”。

延安的审干工作在各机关和学校开始实行。在俄校，每个从大后方来延安的学员先后都被审查，几天不让睡觉，让他们说出属哪个国民党特务系统，上下级是谁等等。到了 1943 年夏季，事情更发展到“抢救运动”的地步。有几次，我校同学还到王家坪参加“抢救大会”。被“抢救”的同志中，有些坚决否认自己是特务，有些为了一时解脱，假说是某某系统的特务，然后又翻案。

我那时 17 岁，看到这种很不正常的情况，心存强烈的疑问。一是怀疑“特务如麻”之说，我感到当时延安同蒋管区没有任何联系，更不要说是同特务机关有来往，怎么去查证受审人的组织关系？但因我不了解全面情况未敢提出我的疑问，只是默默地对着泪流满面的受审女同学张芷说几句安慰的话：相信一定会弄清楚的等等。

毛主席一直关心审干事态的发展，多次强调：保卫工作要坚持一个不杀，大部不抓，要把好关，不要冤枉一个好人。约 1944 年 1 月以后，各机关学校开始按中央指示对大量案子进行甄别和平反工作。我校的甄别工作大部分在 1945 年春完成，其他单位的平反工作也在党的第七次代表大会前结束。事实说明，我校受审的几十名同学中没有一个特务，其他单位也是如此。

据说，毛主席曾到集中被审查的全边区的专员和县长的行政学院讲话，承认“抢救运动搞错了，我向大家赔个不是，并向大家脱帽鞠躬”。听说毛主席和几位中央领导同志也向受审查同志赔礼道歉。这使干部们十分感动，许多受过冤屈的同志都摆脱了精神负担，以舒畅的心情走上工作岗位。日本投降后，他们奔赴各根据地进行革命斗争。